摳小雞雞求娃、偷聽新人「炒飯」、
典當老婆、馬桶產嬰……
前所未見的繁文縟節，
超越想像的精采軼聞！

從脫單攻略到求子問事，顛覆三觀的

婚育怪談

婚禮不僅要挑良辰吉日，還得避開女生的 MC 日？
超狂鬧洞房：「淫辭豔曲」不夠，又要窺探夫妻嘿咻？
馬可波羅遊歷中國時，竟看到「男人坐月子」的怪象？
生男生女大不同，古代女嬰沒衣服穿還要睡地上？

趙惠玲 著

婚禮場面有多隆重，文化習俗就有多繁瑣，
從結婚到生育均講究，本書帶你來一趟古禮探索！

目錄

第一章 生育風俗

目錄

第二章　婚姻風俗

第三章　婚姻陋俗

目錄

第一章　生育風俗

女始祖女媧

女媧是中國古代神話中人類的始祖。

傳說盤古開天地以後，大地上有了山川、草木，也有了鳥獸蟲魚，可是沒有人類，世間依然荒涼、寂寞。行走在這片荒寂土地上的天神女媧感到非常孤獨，她想有個伴兒，陪自己說說話、散散心。

在黃河邊的一個淺灘上，女媧憂鬱地坐著，和幻覺中的伴兒在遐想的天地裡嬉戲遊玩。忽然，女媧有了靈感。她抓了把黃土，就著河水，摶成泥團，然後仿造自己倒映在河水中的女媧造人剪紙影像，捏造出一個又一個小東西。說也奇怪，這些小東西一落地，就嘰嘰呱呱地叫嚷著，到處跑著玩開了。女媧給這些小東西取了個名字，叫做「人」。她要讓天地間充滿這靈秀的人。

於是，女媧不停地捏呀捏，造出一群又一群的人。但大地太大了，女媧累得實在不行了，可是大地上的人仍顯得那麼稀少。於是，女媧從黃河邊的高崖上扯下一些草，編織成一條繩子，又走到淺灘的泥澤邊，將繩蘸著澤中的泥漿揮舞起來，濺起滿天的黃泥點，這些泥點濺落下來，就變成了一個個呱呱歡叫的人——大地上終於布滿了人類的蹤跡。

女始祖女媧

後來，女媧又按陰陽之理幫人分配了陰陽性器，讓陽性的男人和陰性的女人婚配。於是，人類就開始自己創造自己，世世代代繁衍生存了下來。

女媧就是這樣摶捏黃土造就了人類。

此外，還傳說女媧曾煉五色石補天，並折斷鰲足以支撐四極，還治平洪水，殺死猛獸，使人民得以安居。又傳說她與伏羲因兄妹相婚而產生了人類。

那麼，女媧的原型是什麼呢？

屈原在《楚辭・天問》中云：「女媧有體，孰製匠之？」王逸註：「傳言女媧人頭蛇身。」漢代畫像上給人的啟示也是蛇。明代蕭雲從《離騷圖》中的女媧，更是一位披頭散髮、人首蛇身、置身於巨石與荊棘草莽之中的開拓者的形象。

現代的學者也有認為女媧的原型是蛙，認為酈山女媧是由黃河下游一帶以蛙為圖騰的氏族傳說而來。還有的學者認為是葫蘆，如著名學者聞一多先生就指出，華南女媧的初貌應該是葫蘆。當然，無論是蛙還是葫蘆，都是多子的象徵。一般來說，中國神話中的始祖神都是集生育神、媒神、十產神、地母神為一體的女神形象，女媧也正是這樣一位集眾神為一體的女始祖神。

在中國幾千年的蒙昧時代裡，人們重視生育，渴求生靈，因此民間崇仰女媧，女媧補天極其虔誠地敬奉她。延襲至今，遍及華夏大地的女媧宮、女媧廟就是這種信仰的反映。

在河北省邯鄲涉縣，每逢農曆三月十八日，人們便要去祭拜女媧。媧皇宮中的女媧頭戴鳳冠，身披風衣，下面站著十幾尊二尺餘高的送子神，都是裸體男性，兩腿間均有用黃土捏成的小雞雞（男性生殖器）。求子的婦女來到媧皇面前燒香上供，磕頭許願，然後便伸手在送子神的兩腿間摳下小雞雞上的一塊土，放在嘴裡嚥下，名曰「吃子山」，民間認為這樣即可懷孕生子。廟會之後，送子神還會被人請去家裡。後來求子的婦女就只好在媧皇面前燒香磕頭許願，然後拿出墜有銅錢的線，環套在一個還願送來的布娃娃脖子上，口裡還要叫幾聲「狗兒」或「花花」之類的稱呼，接著便將布娃娃裝在褲腰裡往外走，走幾步，叫一聲，一直到家中，將布娃娃塞進被窩，當夜還需與丈夫同房，民間認為這樣就可以生兒育女。

河南淮陽的人祖廟會於每年二三月間舉行，屆時婦女們挑經擔（又名擔花籃），邊舞邊唱有豐富信仰的歌，以祭拜人祖娘娘女媧。

伏羲與女媧

伏羲與女媧都是中國古代神話中的始祖神。

傳說伏羲是華胥姑娘與巨人雷神的兒子。一天，華胥姑娘來到一個水波蕩漾、清澈見底的雷澤湖（古雷夏澤，在今山東菏澤東北）濱，觀賞著美麗的湖光山色，姑娘沉醉了。漫步之際，她忽然看見水澤邊綠茵茵的草地上，有一個巨大的人的腳印，覺得很好奇，就欣然用自己纖細的小腳去踩那巨人的腳印。剛踩上去，姑娘就感到一股暖流流過丹田，一種幸福的感覺使她久久不願離去。她哪裡知道，當那巨大的足印向她身上注入幸福的熱流之後，她就懷上了這雷澤之主雷神的兒子——伏羲。

不久姑娘就生下了伏羲。很快地伏羲便成長為一個聰明勇敢、豐姿秀美的青年。一天，他躺在大樹下休息，偶然看到蜘蛛編網捕捉蒼蠅進食的過程於是靈機一動，起身跑到草地，拔草編織草繩，然後用草繩縱橫交錯結網，織好了一張大網。伏羲叫來當時還不懂得農耕的山民，讓他們拿著這張大網去捕捉鳥獸和魚，很快獲得更多獵物。

伏羲又教山民用細緯絲編織成衣服，教山民鑽木取火，相當程度改善了山民的生活。爾後，伏羲還聽八風之氣而作八卦，即：乾（天）、坤（地）、坎（水）、離

（火）、艮（山）、震（雷）、巽（風）、兌（澤），並教山民用八卦符號記事，方便了當時還沒有文字的山民相互間的溝通交往。伏羲要結婚了，他娶了妹妹女媧為妻。至今在漢代墓葬等遺存中。還可見到大量畫有伏羲女媧交尾的石刻、磚雕和絹帛等。其中的伏羲與女媧，腰部以上通作人形，腰身以下則多為龍蛇之軀，尾巴則交結在一起。交尾當然是在行夫妻之事。

關於伏羲與女媧兄妹相婚的傳說，在今天看來，似乎不可思議，但在遠古時代，卻是確有其事，而且還是當時歷史的一大進步。因為在人類社會早期，曾存在著一個「雜交群婚」時期，即性關係十分混亂的時期。那時所有成年男女之間，包括父母和子女之間，都可以發生性關係。隨著社會的不斷進步，人們對性關係有了越來越多的限制，開始進入「血緣群婚」時期，即同一輩分（包括兄弟姐妹）之間可以自由婚配，不同輩分之間就不能發生性關係。從這個意義上來說，伏羲與女媧兄妹相婚的傳說是代表了當時文化的一個進步。

正因為結繩為網、鑽木取火、以八卦記事、兄妹相婚等傳說，伏羲歷來被人們譽為上古「三皇」之一，人們尊稱他為「人祖爺」，並認為他是漁獵文明時代的文化英雄。至今在河南淮陽地區，在綠色樹林的掩映之下，還存有一座相當規模的「伏羲陵」，被當地人尊稱為「人祖廟」。人們經常到此燒香祈拜，除祈求農事豐收之外，也向他盼望得子的意願。

龍的傳人

為什麼說中華民族是龍的傳人呢？這自然與龍生九子和炎、黃二帝的神話傳說有關。

據明代楊慎《升庵外集》記載，龍生有九個兒子，各有所好，其中一子名叫巔質（又叫霸下），他身體強壯，特別愛好負重。據說他是一隻似龜非龜的海獸，名叫「龜趺」，能馱沉重的石碑。至今在遍布中國各地的名勝古蹟中，那些皇帝御碑下的座獸，就是他的遺像。

北海九龍壁「龍的傳人」一說最主要的依據還是因為中華民族的始祖與龍的關係。傳說人類始祖炎、黃二帝是一母所生，他們的母親有氏因感神龍而生下了他倆。傳說中的治水英雄禹的父親鯀也是龍的化身，他死後三年不腐，遂化為黃龍。又據古代儒家傳說，從先秦到西漢有「河圖」，「洛書」一說，河圖又叫龍圖，是以龍馬負圖從黃河躍出而作為軒轅帝出世的瑞兆。魚龍變化正因上述種種，中華民族世世代代崇尚龍，龍種不僅僅是歷代皇帝的專利，平民百姓也個個希望自己的兒子能長大成龍，於是以「龍」字為他們取名，如金龍、白龍、大龍、小龍、成龍、玉龍等等，以至於用「龍」指代男性成了民族的慣性思維。

龍鳳呈祥

我們的祖先是從哪裡來的？是從龍來的，還是從鳳來的？鳳凰是傳說中的百鳥之王，雄的叫鳳，雌的稱凰，常被用以象徵祥瑞。據說祂的形狀是雞頭、蛇頸、燕頷、龜背、魚尾，五彩斑斕，高六尺許。美麗的鳳凰是中華民族的吉祥鳥。

《詩經．商頌．玄鳥》云：「天命玄鳥，降而生商。」就是說，玄鳥（太陽鳥）因奉天意而生下了我們的祖先。《史記．秦本紀》也云：「秦之先，帝顓頊之苗裔，孫曰女修。女修織，玄鳥隕卵，女修吞之，生子大業。」也就是說，女修是吞了玄鳥卵而生下了大業的。在我們的遠祖中曾經有以鳳凰為圖騰的氏族，一些中國人也自稱為鳳鳥的傳人。中國著名的大思想家孔子曾被稱作鳳鳥，在中國歷史上不可遺漏的愛新覺羅氏的誕生，也與鳳鳥有著不可分割的淵源關係。

傳說鳳凰與運行不止、成長萬物的太陽共生，所以祂被稱作「火之精」，而且還具有五彩斑斕的顏色。千百年來，中華民族歌頌鳳凰，喜愛鳳凰，把祂奉為「非梧桐不棲，非竹實不食，非醴泉不飲」的百鳥之王。鳳凰是不死之鳥，據傳祂可以活五百年。當祂在鮮亮的火中涅槃之時，從聖火裡飛出來一隻同樣美麗的小雛鳳——當年郭沫若先生曾熱情地讚美鳳凰，他的長詩〈鳳凰涅〉，也在一定程度上強化了人們對鳳凰的崇拜。正因如此，中國民間喜愛以鳳指代女性，漢高祖劉邦的愛妻呂后名字叫雉，雉是鳳的原型之一；漢成帝皇后趙飛燕也是以鳥取名字的；民間百姓為女孩取名常叫「鳳」，例如大鳳、小鳳、玉鳳、彩鳳、鳴鳳等等。父母期盼生男如龍，生女如鳳，甚至生的雙胞胎都叫「龍鳳胎」。京劇裡的著名劇目《龍鳳呈祥》和《游龍戲鳳》，不也正是男歡女愛的象徵嗎？

碧霞元君

碧霞元君是道教女神，又叫泰山娘娘，是中國民間傳說中常供奉的送子女神。她的全名為「東嶽泰山天仙玉女碧霞元君」。民間信奉泰山娘娘為東嶽大帝之女，認為她能使婦女多子，還能保護兒童。

泰山娘娘是在泰山玉女傳說的基礎上逐漸形成的。據清代《蒿庵閒話》載，漢朝時，宮中一座殿內曾有金童玉女雕像。到了五代，宮殿倒塌，金童塌毀，玉女掉進池中。宋朝時真宗到泰山封禪，回來後到池中洗手，忽見池中冒出一個石人，真宗命人撈起洗淨，認出是漢朝的玉女雕像，於是便將這尊玉女像送到泰山，並在那裡建祠供祀，封號為「天仙玉女碧霞元君」。

據《玉女傳》載，玉女為黃帝手下的一個仙女。黃帝建岱岳觀，派遣七仙女去迎接西崑元君聖母真人，七仙女雲冠羽衣，仙氣繚繞。玉女即為其中一人。後來她刻苦修道，終成為碧霞元君，被安排在泰山娘娘廟中受人供奉。

東嶽泰山上至今仍有規模宏大的碧霞元君祠，民間稱之為「泰山娘娘」、「泰山老母」。在碧霞元君像旁，還配有「送生娘娘」、「送子娘娘」。明末張岱在《岱志》中道：「元君像不及三尺，而香火之盛，四大部州全無。」《岱史》中也載：「四方進香來謁元君者，輒號泣如赤子久離膝下者然。」貧困的下層百姓把碧霞元君視為可親可敬的神，虔誠地崇拜祂，傳說農曆四月十八是碧霞元君的生日，到了那一天，人們便紛紛前往碧霞元君祠燒香祈子，求福禳災。

在碧霞元君和送子娘娘的殿前，還擺著泥娃娃供人索取。有時有道士守護，求子者要給少許錢——稱作「喜錢」（意為得子的徵兆），然後偷偷地抱走一個泥娃娃回家，把它壓在床下，認為這樣可以得子。更有甚者，有人像侍候真娃娃一樣侍候泥娃娃：給它穿上綵衣，擺上飯食，並呼之為「弟弟」。

與之相呼應的是，泰山頂上的道觀內還有拴娃娃的習俗。為了表現泥娃娃的聰慧，民間匠人故意把娃娃的腦袋塑得很大很大，似與身體不很和諧，但卻表現了民間的心願與審美觀。泥娃娃的身上都拴著紅繩，看誰能把他們拴回家，並真正「拴」出一個兒子來。

臨水夫人

中國浙、閩、廣一帶崇信的生育之神為臨水夫人，相傳她能催生、保產、護幼。臨水夫天仙送子人又稱陳夫人、陳進姑、順懿夫人、順天聖母等。

據說臨水夫人是唐代人，原名陳進姑，家住福建古田臨水鄉，其兄在中山學臨水陳夫人道。一天，她入山去看望哥哥時，途中送飯給一位餓倒在路上的老婦人吃。誰知那老婦人原是個神仙，她用靈符來報答陳進姑。後來當地鬧蛇災，陳進姑入洞除蛇，被百姓奉為神女，朝廷後來也封她為「順懿夫人」。

有的地方還認為臨水夫人就是註生娘娘，廖毓文著《臺灣神話》引《建寧府志》說：「該地婦女都很崇信該廟主神陳夫人，生產之時都要供奉夫人的畫像，等到平安生下嬰兒，在洗兒日，才向畫像拜謝，把它焚化，可見就是這樣，昔時的人才把陳夫人看做專司『生育』的神，而稱她為『註生娘娘』；所謂『註生』，是執掌『生育』的事。」註生娘娘自福建流傳到臺灣後，其執掌生育工作的範圍更擴大了，還給她配有十二位助手，稱為「十二婆姐」。

福建一帶，民間認為臨水夫人不但能保產，還能護幼。當地流行這樣的習俗，女孩在十六歲之前，每年從正月十五日起，都要在手臂上綁上紅絲線，直到七月初七日才除下，她們相信這樣就能得到臨水夫人的保佑。

金花夫人

廣東一帶民間崇信的生育之神還有金花夫人，又名金花娘娘。祭祀金花夫人的金花廟遍及廣東各地，那裡每年都要舉行「金花會」。

傳說金花夫人名金花，少年時為女巫，金花娘娘終生未嫁。金花很善於調媚鬼神，後來溺死湖中，屍體數日不腐，還散發出一種異香。不久，就有一尊容貌很像金花的沉香女像從湖中浮出，人們以為是水中仙女，就把她供奉起來，還把湖叫做仙湖。當地百姓紛紛向她祈子，往往非常靈驗。民間因此有歌謠流傳：「祈子金花，多得白花。三年兩朵，離離成果。」

為什麼會這樣說呢？《廣東新語》卷六「花王父母條」曾說：「越人祈子，必於花王父母，有祝辭云：『白花男，紅花女。』故婚夕親戚往送花，蓋取詩華如桃李之義。詩以桃李物興男女二人，故『夭桃』言女也，『標梅』言男也，女桃而男梅也。」這是為女桃（花紅）男梅（花白）所作的解說。另外還有一種說法，認為是俗傳幽冥之中有一座「百花橋」，橋頭有白花紅花，白花輪迴人世為男子，紅花輪迴人世為女子。

後來，大約由金花夫人衍化出花公彌勒佛像花母。廣東潮州一帶，每巷或數巷之間即有土地廟，號地上宮。廟內除了祭祀土地公婆外，還附祀子孫娘娘，俗名花公媽，亦叫花府相公。每年農曆正月十四日，在市內許厝地方，由好事者收買糞土堆積如山，僱塑匠塑成彌勒坐像一尊，袒腹笑口，高近一丈。旁邊塑花公媽像，均飾以彩繪，並搭篷護之。至十五日元宵，即供以花果，香菸繚繞，燈燭輝煌。有婦女來拜祝的，拜完後還要以手摸佛肚。民間認為拜花公媽、摸彌勒佛肚後便可得子，正月十六是重元宵，供奉依舊，十七日祭拜結束，才將各像毀去。

有意思的是，山東一帶百姓到東嶽廟註生娘娘像前祈禱取花，也相信男白女紅的說法。不孕婦女備上三牲（三碗葷菜）和香燭紙錢，由一老婦相伴，在註生娘娘像前祭拜、禱告，然後由籤定奪是否需要取花。如果神示要取花，少婦即跪下拉起衣襟作接的樣子，老婦則把註生娘娘頭上插的或神座前別人來還願的花，拿來插在少婦頭上，所取的花是紅的象徵生女孩，若是白的則象徵生男孩。如果真的懷孕，生育後過數月還要前去還花。

媽祖

媽祖本為民間傳說中掌管海上航運的女神，也是主宰婦女生育之神。媽祖又稱天后娘娘、天妃娘娘。相傳媽祖為宋代福建莆田人。姓林名默娘，因父母信佛，夢見觀音賜藥而生下了她。媽祖出生時有異香環繞，一里之外都能聞到香氣，而且香氣十多天不散。媽祖八歲時從師，十歲信佛，十三歲習法術，終身未嫁。宋雍熙四年時，媽祖盛裝登山石「升天」為神。後當地居民立廟奉祀，稱她為「通賢靈女」，清代時封她為「天上聖母」。

在民間傳說中，媽祖的神職起初只是為漁船護航，後來作用逐漸擴大，如禳災賜福、除痛去疾、降雨止風、布兵助戰、保佑婦女順利分娩等，都能奏效。最後又變為能夠顯靈送子的生育女神。相傳清代有一個婦女出嫁十年不孕，求遍了所有送子娘娘廟都不管用，最後只得求助於媽祖。不久她即懷孕，並順利生下一男孩。從這以後，民間凡是婚後不育的婦女，都來向媽祖祈求，而且都有祈必應。

供奉媽祖的三大祖廟分別在福建莆田湄洲島、天津和臺灣雲林北港。每逢農曆三月二十三日媽祖誕辰，婚後不育的婦女都從各地趕來祭拜，場面十分壯觀。

此外還有各種其他形式的祭拜活動，其中「黃會」或稱「娘娘會」，是天津一帶祭拜媽祖的重大活動。屆時婦女們來到天后宮求子。九龍天后宮設有天后娘娘的寢室，室內設有龍床。凡是婚後不育的婦女前來祭拜，只要給廟祝一些錢，就可以用手觸摸一下天妃娘娘的床，以此得到「早生貴子」的美好祝願。

民間在祭拜媽祖時，還有一種搶紙花求子的習俗。即在迎神賽會時，「每年由村裡一個角落的幾個人家共同當『頭人』，其中有一項儀式是，頭人為『聖祖媽』準備許多白紙花，也有一些紅紙花，掛在她的神轎上和手上。凡新婚夫婦或婚後多年不孕者都到『香埔』（掛香的活動場所）上，聖祖媽的神轎一到，想生男嬰的就搶拿一朵白花，想生女嬰的即隨便取下一朵紅花，拿到花以後就插在需要者頭上，外鄉人也可以來搶花。因此，在舉行這儀式時，簡直就是遠近新娘子的大聚會」。

在許多天妃宮內，還供奉名目繁多的媽祖配神，包括送子娘娘、註生娘娘，橫額則寫有「德育群嬰」四個大字。

送子觀音

觀音在中國是一位法力無邊、大慈大悲好心腸的菩薩，也是民間的生育之神。佛經上說：「若有女人欲求男，禮拜供養觀世音菩薩，便生福德智慧之男。欲求女，便生端正有相之女。」觀音本來自印度，但送子觀音卻是中國的特產。傳說中國有個善雕觀音的工匠沒有兒子，有天晚上做了一夢，夢見觀音與彌勒開玩笑，撞到彌勒的肚子上，彌勒的肚子就漸漸地大了起來。工匠於是急得幾乎要哭了出來。而夢中彌勒卻說，不要哭，再雕一塑像，讓觀音手抱一個胖兒子。工匠醒後立即照辦。不久，他的妻子便懷孕生了兒子。從這以後，不育婦女便爭相購買送子觀音像，據說都如願以償地生育了子女。

觀音除了能送子，還能操縱所送孩子的性別。中國傳統的觀念是重男輕女，人們把掌握生男生女的希望寄託在觀音身上，認為求男得男，求女得女，甚至還進一步認為，觀音具有使女性轉變為男性的本領。據《述異記》載，荊州的一個寡守老人，只有一個十四歲的女兒，因信奉觀音，觀音給女孩吃了一顆紅丸，女孩感覺熱乎乎的，昏昏欲睡，醒來後竟然變了男子。此說雖然荒誕，卻符合傳統社會中人們的期盼和想像。

由於觀音送子的傳說在中國流傳最多也最廣泛，因此歷來向觀音祈子的習俗也最為豐富多樣。現舉幾例：

❖ **拜觀音洞**：在浙江普陀山有一潮音洞，深逾丈餘。洞的一面依山，兩面礁石連片，形成一條夾縫，日夜與海潮相吞吐。海水撞擊洞壁，聲如雷吼。在左首石灘的緊靠洞壁處，有一觀音石刻座像，洞口有「潮音洞」三字。傳說這裡是觀音顯像的地方，拜之可以得子。

❖ **得觀音柳枝**：在佛教中，觀音持淨瓶，拿柳枝，象徵把大慈甘露灑向人間。而中國民間有一種說法，認為得柳即得子，柳為子的象徵，因此如能得到觀音瓶中的柳枝，即可得子。

❖ **廣州俗例生菜會，以二月二十四日為送子觀音誕日**：各鄉男女集於一處，舉行「生菜會」。因在廣東話中，「生菜」與「生仔」音同。赴會者多買生菜回家，以為生子之兆。聚會時設一小池，先在池面放下許多蜆螺。赴會者用手探摸水中的蜆螺，得螺者生子，得蜆者生女。據傳這和唐文宗的一次奇遇有關。文宗好食蠔，一日在一個巨蠔中發現一小觀音像，於是下令廣建供奉送子觀音的寺院，民間對觀音的崇拜由此大興。人們由此推想，觀音既能在蠔中，也可在螺中，於是觀音送子、得螺即可得子便成了人們的信仰。

此外，中國北方呂梁地區還有以民間剪紙來表達觀音送子的。由於剪紙出自婦女之手，自然與宮殿廟堂上的觀音不同。觀音頭戴花飾，雙手捧一娃娃，周圍有六個娃娃和兩龍襯托。有趣的是，觀音端坐在屋內，房屋周圍有一對鳥、一對燈籠、一對花瓶等，都是與生育有關的符號。顯然剪紙上的觀音形象有些變異，但表達的卻是民間進一步讓觀音送子到家的心願。

送子張仙

中國民間信奉的生育神多是女神，唯有張仙是男神。他的神像雕塑較少，多為畫像。畫像的正中是一位巾幘繡袍的美丈夫，手執金弓、銀彈，彎弓欲射。畫像的右上角是雲端裡的一隻天狗，而圍繞在張仙身旁的是五個小男孩，有時還畫有一隻麒麟，顯然是取五子登科、麒麟送子的意思。

第一章　生育風俗

據《歷代神仙通鑑》載，宋仁宗趙禎五十多歲尚未得子。一天晚上，他夢見一位男子衣著華麗，面若敷粉，五縷長髯飄逸下垂。只見這位美男子挾著弓彈對他說：「陛下因天狗守垣，故不得嗣子。陛下多仁政，今天我特地為你用弓彈逐之。」宋仁宗問這位男子身世，他說：「我是桂宮張仙。天狗在天上掩日月，然後到世間去專吃小兒，但只要一見到我，就會逃跑。」宋仁宗聽了大喜，一跺腳，夢卻醒了。醒後他命人按他夢中所見的張仙形象繪了一張圖，貼在宮中祈子。

傳說對張仙的信仰最早起源於五代時蜀中，宋代以後，已逐漸遍及全國，各地史籍多有這方面的記載。東北海城一帶，民間婦女凡有不育或小孩生病者，都要禮拜張仙，「其神位概設於寢室門後，箭向外射。有子之婦女，或朔望，或朝夕焚香叩拜，年節則設香燭供品，與諸神並祀」；廣州一帶，「進了住房，若是有小孩子的人家，他的桌底下必定供一阿婆神張仙送子圖……床沿前的一張供桌上供一個仙，其作彎弓射天狗狀，下畫四五個小孩子，取其送子的意思。上額為『添丁發財』，聯曰『天賜麟兒憑司馬，花生貴子賴仙官』或『多福多壽多男子，日康日貴日康寧』。中懸一琉璃燈，每於晚間燃之，名曰『添丁燈』。」

江蘇有的地方，舊時會給婚後多不育的夫妻送上一幅〈張仙送子〉圖，護送時，先要挑選一個清秀英俊的十來歲男孩背張仙圖像，還要轉過三橋六（土地廟）。送到主家時，主家夫婦要新舉行結婚時的全部儀式。有趣的是，在磕頭時，女主人要選一件有洞的外衣穿上，送張仙像的人乘她禮拜時給她把洞撒開，稱為開「福門」。此外，還要辦酒招待親友，熱鬧一番。

民間信奉張仙既能送子，也能護子。舊時過年祭神的時候，要買一張張仙神像，貼在煙囪旁邊。俗傳天狗會從煙囪裡鑽進屋來嚇唬小孩、吃小孩，或者傳染天花給小孩。將張仙像貼在煙囪旁以後，天狗就進不來了。張仙神像旁還常貼有對聯「打出天狗去，保護膝下兒」，橫批是「子孫繩繩」。

鼠為子神

在中國十二生肖鼠、牛、虎、兔、龍、蛇、馬、羊、猴、雞、狗、豬中，以鼠為先。同時民間又以鼠為子神。老鼠最小，為什麼偏偏以牠為先，又選牠做子神呢？

老鼠嫁女有一種說法，是從鼠的屬性來看。因為鼠的活動時間是夜未央的子時，而子時正是天地相交、混沌初開之際。鼠是耗蟲，不耗則天之氣不開，只有鼠才有本事把混沌沌、霧濛濛的天地咬開。能使天地洞開的鼠具有造化天地、化生萬物之能，當然也包括造人，因此人們把鼠視為子神。

還有一種說法，認為鼠的生育能力極強，一對鼠每年可產六七窩崽，一窩達五六隻甚至七八隻，而幼鼠三個月就可以達到性成熟。一般鼠的壽命為二到五年，以一隻鼠活三年、每窩產六隻崽、每年產六窩計算，一隻鼠一年就可產一百零八隻小鼠。難怪人們要把鼠選為子神了。

在中國民間，老鼠娶親的故事幾乎家喻戶曉，老鼠娶親的年畫也豐富多樣。老鼠嫁女可真熱鬧：扛旗的、吹嗩吶的、抬轎的、抬嫁妝的、甚至還有貓銜老鼠來幫忙的，嗩吶聲聲，笑語陣陣，完全像人間娶親一樣。老鼠娶親是在什麼時候呢？北京諺語說：「正月初七，老鼠嫁女。」也有的地方說：「十七十八，耗子成家。」為什麼老鼠娶親要在初七呢？因為初七是一個特殊的關乎到人的日子。《太平御覽》卷三十解釋，人的誕生是在第七日，因此正月初七稱為「人日」。有趣的是，老鼠新婚之夜人在做什麼呢？是在祈子。唐代《四時纂要》記載：「凡無子者，夫妻同於婦人家盜燈盞，安於床下，則當月有孕矣。」

民間還有老鼠「初七娶媳婦，十七嫁閨女，二十七添娃娃」的說法，四川成都於正月十五上元節這一天，新嫁女兒的娘家要把一盞燈臺和麵粉做成一對小老鼠送給婆家，為的是讓女兒早日生子。

抓髻娃娃

陝北一帶民間奉「抓髻娃娃」為生育之神。

抓髻是一種頭飾，也叫做「勝」，抓髻娃娃頭上頂的「雞」或「髻」，陝西一帶稱之為「勝」，認為實際上是男性生殖器的象形圖案，也是生命不斷的象徵。你看，抓髻娃娃通身遍體都是生育符號：頭上頂兩隻雞，腳下踩兩隻鳥，肚子上的「十」字形以及下身的男性生殖器，這些都是陽性的符號；而兩手兩腳上的圓形、橢圓形，以及膝蓋上的花朵和下身的蓮花，則是女性的象徵。難怪當地民間要奉抓髻娃娃為人類繁衍之神了。

瓜瓞綿綿

在中國傳統習俗中，「瓜瓞綿綿」是一句祝福子孫繁衍昌盛的吉祥語。《詩經．大雅．緜》中有「綿綿瓜瓞，民之初生」的詩句，《集傳》解釋說：「瓜之近本初生者常小，其蔓不絕，至末而後大也。」「瓜」是大瓜，「瓞」是小瓜，綿字從帛從絲，織帛的絲當然綿綿不絕，而大大小小、綿綿不絕的瓜自然被認為是子孫後代綿延不絕的象徵。《詩經》中「綿綿瓜瓞，民之初生」的詩句，則說明兩千多年前西周的瓜蝶（瓞）童子頌歌神辭中，已經將周王朝的列祖列宗，形容為像一根藤上不斷開花結實的瓜果，代代相傳，子孫繁盛了。

瓜既然被賦予了這樣具有非凡生育能力的神祕力量，千百年來，民間便自然產生了各式各樣的祈瓜得子習俗。

清末《吳友如畫寶》中有一幅「送瓜祝子」圖，附文記錄了當時漢口的送瓜習俗：漢口每值中秋月夜，凡娶新婦之家數年不孕者，各親友相約集資作送瓜之舉，取「瓜瓞綿綿」之意也。如縉紳之家，前導用銜牌執事；如中戶人家，僅用雜錦、鑼鼓，間以細樂。其中扮有「麒麟送子」，手捧南瓜，其次有太保橋，有豆篷、瓜架、亮傘，殿以丑、旦兩人。丑挑馬子，旦挈虎子，插科打諢，次第偕行。

送瓜竟然還有這樣盛大的「儀仗」，這說明清末民間對送瓜祝子的重視程度。送瓜祝子又據《清稗類鈔》記載：「中秋夕，徽州有送瓜之俗，凡娶婦而數年不育者，則親友必有送瓜之舉。先數日，在菜園中竊冬瓜一個，須不使園主知，以彩色繪人之面目，衣服裹其瓜瓞多子花瓶上，舉年長者抱之，鳴金放炮，送至其家。年長者置冬瓜於床，以被覆之，口中念道：『種瓜得瓜，種豆得豆。』」受瓜者則須設盛宴款之，「若喜事然，婦得瓜則剖食之」。

在江蘇六合，中秋夜晚，鄉村婦女也有私取園瓜的，謂之「摸秋」，以兆生子。是又以瓜為男子性器的象徵，以為一經接觸，即可懷孕生子。

更有甚者，還有「偷瓜送子」的習俗。據《中華風俗志》記載，貴州一帶，有不孕婦女的親友將瓜偷來之後，給瓜穿上衣服，八仙紋蟈蟈葫蘆繪上眉目嘴臉，並且用紅綠綵綢裝飾的轎子抬著，鑼鼓喧天，熱熱鬧鬧地把瓜送至該婦女方家中。受瓜人不但要請送瓜人吃一頓月餅，而且要將瓜小心翼翼地放置在床上，伴睡一夜，次日清晨，把瓜煮熟吃掉，據傳這樣就可懷孕生子。

葫蘆與生育

俗話說：「南瓜葫蘆結一千。」瓜與葫蘆為同屬，更因葫蘆圓形，且腹中多籽，從形態到內涵都具備生殖象徵特點。因此人們把繁衍子孫、延續種族的希望寄託在它身上，把它尊為上天司掌生殖的神靈。

中國不少民族，例如漢、彝、傈傈、基諾、高山、仡佬、壯、侗等民族，都有人是從葫蘆裡走出來的神話傳說。傈傈族「盤古造人」說認為，盤古種了一棵南瓜，瓜熟以後，盤古用刀劈開，裡面走出兄妹兩人。他們結為夫婦，以後生下三個男孩，就是漢、彝、傈傈三個民族的祖先。為了解決他們的婚配，盤古又種下葫蘆，四十九天以後切開，裡面走出三個女子，與三個男子婚配。從此，人類就在世上繁衍了起來。

中國民間早就有向葫蘆乞子的習俗。宋代《東京夢華錄》載：「八月秋社，人家婦女皆歸外家。晚歸即外公、姨舅，皆以新葫蘆、棗兒為遺。」即以葫蘆祈其早日得子。陝西北部的佳縣，男女新婚之夜，婆婆要送兒媳一些禮饃。這種禮饃被做成葫蘆狀，上面裝飾著一朵蓮花，暗示女嬰；有的有一個突起物，表示男根。婆婆將此禮饃送給兒媳，顯然是希望媳婦早生早育，早得貴子。

中國漢族及其他少數民族也都喜愛葫蘆圖案。熱戀中的女子在贈送給情人的綵帶、鏡子帶、荷包上，往往都繡有葫蘆花，而男子回敬愛人的禮品中，也多有葫蘆圖案。農村婦女給孩子戴上葫蘆圖案的圍兜兜，有的圍兜兜本身就呈葫蘆形狀，上面還繡有一個活潑可愛的男孩，隱喻子孫繁衍和生命昌盛。

麒麟送子

麒麟是古代傳說中的一種動物。據說祂的形狀像鹿，全身長滿鱗甲，尾巴又像牛，是一種神聖的動物，象徵吉祥。《禮記．禮運》篇說：「麟鳳龜龍，謂之四靈。」可見麒麟又是被用來借喻傑出人物的，尤其是指那些有大志向、成大材的鐵血男兒。那麼，麒麟怎麼會和「送子」連繫上的呢？這和在中國人的傳統觀念裡，麒麟是神聖的動物有關。《論衡》記載：「麒麟，獸之聖也。」《禮記．鄉飲酒義》則說：「產萬物者，聖也。」聖者既然可以產萬物，那麼人自然也包括在內了。

《詩經．周南》裡有〈麟之趾〉一篇，云：

麟之趾。振振公子，於嗟麟兮！
麟之定。振振公姓，於嗟麟兮！
麟之角。振振公族，於嗟麟兮！

也是以麒麟作比喻，讚頌周文王姬昌的子孫繁盛且有為。後人因此以麒麟送子比喻多子多孫，而且子孫德才兼備。

傳說中國的大哲學家、大聖人孔子降臨人世時，曾有一隻麒麟在他家的庭院裡，口中吐出一冊玉書。明代有〈孔子聖蹟圖〉，畫的是一麒麟口中吐出一線裝書，外以琴棋書畫繞成圓圈，即是以麒麟比附孔子。麒麟圖還有一個傳說，說古代有位畫師，老而無子。畫師偏愛畫麒麟，屋裡掛滿他所畫的各種稀奇古怪的麒麟。一天晚上，他突然看到一隻金光閃閃的麒麟，身上馱著一小孩朝他走來。畫師一高興，笑醒了，原來是一場夢。第二年，他妻子果然得一「老來子」，聰明絕頂，六歲就能賦詩作畫，人們稱他為「麒麟童」。麒麟送子的習俗，就這樣在民間廣泛傳開了。江南地區，每逢春節，人們便抬著用竹骨紙紮的麒麟（下巴上有許多鬍鬚），配上鑼鼓伴奏，依次到各家門前演唱，以示祝賀，俗稱「麒麟唱」。當鑼鼓隊上門演唱時，那些未生育的婦女或才過門的小媳婦，被人們連抱帶扯地推到麒麟面前拉鬍子。據說拉一根能生一子，拉兩根就能生雙胞胎。

《中華全國風俗志》載湖南長沙習俗，有以龍燈圍繞婦女為麒麟送子者，歌云：「婦女圍龍可受胎，痴心求子亦奇哉。真龍不及紙龍好，能作麒麟送子來。」婦女多年不生育者，每於龍燈到家時，加送封儀，以龍身圍繞婦女一次，又將龍身縮短，上騎一個男孩，在堂前環繞一週，謂之麒麟送子。

有意思的是，麒麟正因能夠送子，卻要備受折磨。安徽風陽縣境內的皇陵（明代開國皇帝朱元璋父母的陵墓）墓前有一對石麒麟，至今還在遭受煎熬，那一尺多粗的左腳脖子被人刮得都快斷了。原來，當地百姓受「麒麟送子，男左女右」說法的影響，無論是晨昏還是烈日當頭，遠近前來祈子的婦女們，在石麒麟下燒香磕頭後，都會不約而同地從祂的左腳脖子上刮下些石粉末兑水喝，據說這樣便可生個男孩。

陝西的泥偶「麒麟送子」已有長達三百多年的歷史，幾乎家家都會製作。每年三月十五日的周公廟會上，祈子者爭相購買，極受歡迎。此外，枕頭上的繡花圖案，被面上的印花圖案，床架的雕花板上，也到處可見「麒麟送子」的圖案。

民間還有各式各樣的吉祥圖畫，「天賜麟兒」、「麒麟貴子」、「嘉慶麟鳳」、「麟鳳呈祥」等，都是同一主題的圖畫。有些畫面上的麒麟形象顯然已經過了藝術誇張，成了龍頭、獅尾、鹿身、馬蹄腿、全身披鱗的仁義之獸；騎在麒麟背上的男孩也多為梳抓髻戴冠的童子，他們或持鮮花，或持蓮蓬，表現出一種強烈的祈子願望。

燈與祈子

正月十五元宵之夜，中國民間有張燈觀賞的習俗。城鄉各地到處懸燈結綵，歌舞遊樂。各式各樣的燈彩花色眾多，光彩熠熠，有掛花燈、滾龍燈、迎轎燈、走馬燈、放水燈、展冰龍燈……其中也有一種特殊的燈——子孫燈，它的特殊並不在於燈的外表和構造，而在於它的意義——以燈祈子。

何謂「子孫燈」？

中國晉北地區在元宵之夜有擺燈山即以燈盞擺字的習俗。是夜，千百盞燈火通紅透亮，似銀河，像流水，擺出了「天下太平」、「五穀豐登」、「人口平安」等吉祥語。到了正月十六夜晚，千百盞燈火行將熄滅，只剩下最後一盞，即為「子孫燈」。這時，求子者要將子孫燈虔誠地端回家，供在灶神前，並添足油，讓燈火更加明亮。求子夫婦則要輪流守護整整九曲燈陣陣門一個晚上，不能讓燈熄滅，認為這樣即可得子。如果然

燈與祈子

生了兒子，還要舉行還燈儀式。

有意思的是，燈怎麼會與「子」連繫上的呢？

中國民俗語言非常講究諧音，在閩南方言中，「燈」與「丁」同音，送燈就意味著送「丁」，當然也就寓含了送「子」的意義了。正因如此，中國各地區以燈祈子的習俗五花八門，形式各異。

明代《五雜俎》載：福建、臺灣一帶，「閩方言以燈為丁，每添設一燈，則俗謂之『添丁』」。凡是生男孩的人家，必須買一對新燈，懸掛在正堂梁上表示慶賀。凡已婚尚未生育的婦女，春節期間回娘家過年，必須在元宵節前回歸，並參加「添燈」活動以兆生子。娘家則要在元宵節前幾天，給年內出嫁的女兒送「觀音送子」或「天賜麟兒」等燈，或送繡花燈、蓮燈各一對，以求早日「添丁」。

陝北高坡的黃土地上還流行著「偷」燈的習俗。正月十五日，村民用油燈擺成九曲陣，廊迴路轉，曲折複雜，不育婦女可到這裡來「偷」燈。說是偷，其實非常公開。守燈人會高聲喊著：「偷燈養小子咧！」他們期望自己的燈被偷。據說偷得綠燈生女孩，偷得紅燈生男孩，就連燈的顏色，也成了生男孩或女孩的徵兆！

晉北地區還有在轉九曲時端燈的習俗。何謂「轉九曲」？九曲就是用三百六十一盞燈擺成九宮八卦連環陣，這些燈全都懸掛於高高的燈柱上。陣中還要設九根三米高的旗桿，直插雲霄，以此分割地域，象徵古代的九州。八卦陣的中心矗立著一根最高的旗桿，稱為「搖兒桿」或「長壽桿」。陣外插五顏六色八卦旗，九曲入口處要搭起高大的牌樓，牌樓前則有送子娘娘、觀音菩薩、燈光菩薩等神像。兩邊燒著兩堆火，烈焰熊熊，火光沖天。求子者進入八卦陣後，要搖搖「搖兒桿」，然後將八卦陣中最後一盞未熄滅的子孫燈端回家去，小心守護，不得熄滅。

虎與祈子

雲南雙柏縣有一偏僻的小麥地衝村，該村的虎山上有三塊虎石，據說分別為公虎、母虎和虎子。公虎又叫「接脈虎」，接脈即傳宗接代的意思。當地的不孕婦女要到母虎前燒香求子，若想生男孩就到公虎前燒香，還要撫摸公虎的生殖器。這又是為什麼呢？

原來，世世代代生活在四川涼山和雲南哀牢山的彝族是崇虎的民族，他們自稱「羅羅」，意即虎人或者虎族，男人自稱「羅羅頗」，意即公虎，女人自稱「羅落嫫」，意即母虎。這樣的觀念可以追溯到遙遠的圖騰崇拜時代。彝族的祖先創作了不朽的史詩《梅葛》，勾畫了一部宇宙模式圖。他們認為，蒼茫的天地、輝煌的日月及閃亮的星河，都是由虎體肢解後化成的。據說該地區正月初八為虎日，民間百姓要扮演眾黑虎跳犁田、耙地、撒秧、薅草、收割、打穀等生產舞蹈，還要跳虎親嘴、虎交尾、虎護蛋等生殖舞蹈。隴東民間也有崇虎的習俗。在難以數計的雕塑、剪紙、農民畫和兒童服飾上，都有各式各樣的虎的形象。學術界認為，這種崇拜虎的遺風可能是黃帝部落崇拜虎圖騰的衍化。

中國民間崇尚虎的威嚴，認為虎是百獸之長，應屬男性，生了男孩乳名叫虎子的很多，而且還常用「虎頭虎腦」來形容男孩的活潑可愛。孩子滿月或週歲時，親戚或長輩還不時會送上一雙虎頭鞋、一頂威武雄壯的虎頭帽，祝福孩子健康成長。

子孫馬桶

在中國傳統的婚禮中，當一對夫婦即將步入婚姻的殿堂，也即意味著一系列祈子習俗的開始。

早在婚禮的籌備階段，女方的嫁妝中即早早準備了一隻用紅漆漆得油光錚亮的馬桶。人們稱它為「子孫馬桶」，或乾脆叫它為「子孫桶」、「百子桶」，這是為什麼呢？滿族子孫繩據人類學家的考察研究，發現人類分娩時的體位是隨著文明程度的不斷提高而逐漸發生變化的。據說，遠古時代的婦女是採取站立的體位來分娩嬰兒的，而現代的產婦分娩，則大多是採用臥位分娩的。從站式分娩到臥式分娩這個漫長的發展過程中，產婦經歷了坐或蹲的過程。也就是說，過去中國絕大多數地區的婦女，正是蹲坐在馬桶上分娩的。從這一意義上來說，馬桶就被賦予了很強的生育意義。

現代人們的住房水準已普遍提高，不再需要馬桶，大城市中也很難再買到馬桶。但正因馬桶的這一特定寓意，在嫁妝中備上兩隻紅色塑料桶來作為替代，在籌備婚禮時仍是不可少的。

在傳統習俗中，子孫馬桶中還要放上五顆染紅的雞蛋。蛋為雞子，「蛋」與「誕」諧音，在桶內放了蛋，今後也就會「誕子」於桶內了，放蛋要放五顆，那是取「五子登科」之意。子孫馬桶帶到男方家要取用時，又須請一小男孩先在裡面撒一泡尿，人們以為這樣的話今後新娘也會生個白白胖胖的小男孩了。

產房

在現代都市人的概念之中，產房是在醫院中的。那潔白的產褥、嚴肅的氣氛、恆定的室溫、慈祥的醫生、穿梭往來的助產士，還有鉗子、手術刀，甚至還有給初生嬰兒秤體重與量身高的器具；儘管腹痛陣陣，腰痠不已，但在經過最後一陣撕心裂肺的疼痛之後，伴隨著嬰兒「哇」的一聲啼哭，一切痛苦均化作了欣慰……凡有過生育經歷的女性，想必對產房都會懷有這樣一種特殊的親切感。

現代的產婦大多是採取臥位分娩的，而在古代，婦女分娩是沒有固定體位的，有站位、蹲位、坐位、跪位等等。以仰臥位作為常規分娩體位大約只是近三四百年的事情。近年來，國際醫學界推廣「人性化分娩」，提倡產婦在分娩時，可以自行選擇體位，如：坐位、蹲位、站位、跪位、俯位、側位、半臥位及坐位等，只要產婦自己覺得舒服，可自由選擇體位。

在古代，分娩多半是在家中臨時為孕婦準備的產房中進行的。據《禮記‧內則》篇記載，先秦時孕婦在臨產那月的月初，就須遷入「側室」（廂房）居住。丈夫每日兩次派人去問候。當產期將臨、陣痛發生之後，丈夫還要親自去慰問。但這時妻子不能直接與丈夫見面，丈夫的問候，只能透過照護孕婦的保姆來傳達。宋代宮廷也為宮中產婦布置產房，叫做「產閣」，她們用大量的絹羅裝飾房間，造成防止光線射入、外風吹入的保暖作用。

在少數民族地區，產房的設置更因各民族的習慣不同而呈現出五花八門的情景。如滿族的產房不許設在西屋；基諾族的產房只能在樓梯下炒茶葉用的小房內；傣族的生育地點是火塘處；獨龍族流行室外生育，生下嬰兒洗淨後方可抱回室內；撒拉族的產婦在古代分娩石是在羊圈裡分娩，可能是將新生兒當成牛羊看待，認為命賤好帶大，長大後也像牛羊一樣健壯；巴蜀一帶的產婦是在水中分娩的，也許他們認為人是由水中生出來的；漢族有不少地區臨產之婦必到婆家生產，絕對禁忌在娘家生孩子。

舊時上海地區產兒時要把箱子、櫃、抽屜打開，「開」諧音開骨盆的「開」，喻生孩子快、不難產。湖北一帶，當嬰兒遲遲不肯落地時，接生婆要打開箱子，並把所在帶蓋的家具通通揭開，開門開屜，同時唱催生歌：「大櫃小箱開了口，娃子才敢往外走。」如果胎兒仍未拱出產門，接生婆就要撐開傘，扔掉帽子，叫做「撐天眼」，並開口唱道：「撐開了擋天眼，娃子才好把路趕。」

嬰兒產下後，接生婆常常要檢生，她手舉新生兒，把其兩腿張開，讓眾人看清新生兒的性別，若是男孩，就大聲報喜：「恭喜賀喜，添了個官人！」

對嬰兒的胎盤也要進行特殊的處理。胎盤古時又稱胞、胞衣、胎衣、人胞，中醫又稱其為「紫河車」。許多地方都要用瓶鉢盛好密藏起來，使其勿受鬼怪神靈的侵害，以保障嬰兒無病無災地成長；有的地方則要把胎盤用竹籃盛著掛到野外樹上，讓鳥兒來吃，認為這樣的小孩能得天助，容易養大。

「弄璋」與「弄瓦」

十月懷胎，一朝分娩。

在中國誕生禮儀中，如果生了男孩，就稱「弄璋」之喜；如果生了女孩，則稱「弄瓦」之喜。

《詩經．小雅．斯干》中云：

乃生男子，載寢之床，
載衣之裳，載弄之璋；

乃生女子，載寢之地，
載衣之裼，載弄之瓦。

也就是說，先秦時代，如果生的是男孩，就可既睡床（先秦住室一般不設床，人都睡在席上，為男嬰特設床，表示對男孩的重視）、又穿衣裳，還要佩帶貴重的玉器，自然是「弄璋」之喜了；如果生的是女孩，就只能鋪席睡地板，包被（不穿衣裳），佩帶陶紡錘，這就是「弄瓦」之喜了。多麼的男尊女卑啊，人從誕生的一剎那起，就有了鮮明的等級差別。

嬰兒一出生，就得向有關人員報喜。《禮記．內則》云：「子生，男子設弧於門左，女子設帨於門右。」就是說，如果生的是男孩，就在產房門的左面掛上一張木弓——弧以象徵男子的陽剛之氣；如果生的是女孩，則在門的右面掛一幅佩巾（手帕）——帨，象徵女子的陰柔之德。《禮記．射義》又說，男兒出生第三天，在家門左邊掛桑弓，並用蓬草做六支箭，由背負著孩子的人代他向天地四方射去，以此來表示男兒志在四方。生育懸飾嬰兒出生之後，不論是男是女，父親都要到祖宗神靈前去上香祭告，然後再向家中尊長及岳父母道喜報告。嬰兒有單獨的「孺子室」供其居住，由庶母（父親的妾）、慈母（奶媽）、保姆同住在裡面照料，其他人（包括親生父親）都暫時不得入內。

少數民族的報喜習俗則各自不同：滿族、蒙古族生男孩掛小弓箭，生女孩掛紅布；錫伯族生男孩掛弓箭，生女孩掛紅頭繩；朝鮮族生了男孩，就把紅辣椒用草繩穿起來掛在門口，因他們認為辣椒是男孩生殖器的象徵；侗族用柔草縛雞翅毛，男孩加紅布，女孩加藍布；土家族則要由女婿到娘家捉雞報喜，生男孩捉公雞，說「生了海中蛟龍」，生女孩捉母雞，說「生了山中錦雞」。

浙江紹興一帶，還有「女兒酒」習俗。女兒一誕生，父親就要為她釀製一種黃酒，酒罈外壁塑有各種花卉、人物圖案，埋入地下，待等女兒出嫁時用來招待賓客。這種酒又稱「花雕酒」。西雙版納的母子祖裎嬰兒誕生之後，家裡人還要煮上許多紅蛋（染成紅色的雞蛋，現代也有以巧克力蛋代替的），分送親友，生男送單（單數屬陽），生女送雙（雙數屬陰），以示報喜。娘家與親友前來致喜道賀，並報以雞蛋，桂圓、各種營養滋補品及嬰兒的衣服用品等禮物。

此外，華人有產婦分娩後「坐月子」的習俗。由於產婦在懷孕後期和分娩時消耗了大量的體力，產後不免身體虛弱，「坐月子」就是在一個月內臥床休息，並注意補充各種營養，同時禁忌冷水洗滌。平時洗浴，即使在炎熱的夏季，也只能用煮沸的開水冷卻後再用。產婦坐月子期間，還要嚴禁房事，保持情緒愉快。

現代接生還有給嬰兒留下腳印的習俗。在嬰兒的出生證印，赫然印著大紅的腳印和母親大拇指的手印。腳印是新生命的代表，手印則是生母愛心的印記，腳印和手印，一則是嬰兒出生時的原始紀錄，二則也代表一對新的母子（女）關係的開端。

大都市中，還有年輕父母給新生嬰兒收藏「育兒錄」的習俗。嬰兒出生之際，父母即為他準備了一本專門的記錄冊，將嬰兒出生時的胎毛和臍帶夾、第一次哭聲的錄音、第一次看病的就診卡、體格檢查表，以及第一次寫字、畫畫的「傑作」，成長之後的第一次托兒所錄取通知書、成績單、獲獎證書等，全都精心收藏在內。等孩子長大之後，作為生日禮物或是成人禮物贈送給他（她），以此來傳遞父母一片真摯的愛心，真可稱是價值連城的禮物了。

產翁

在中國古代分娩時，有一種最為奇異的做法，便是女子生育，卻由男子來臥褥坐月子。它一般出現在原始社會由母系氏族公社向父系氏族公社過渡的轉型期。這時，男子隨著其在家庭中的經濟地位上升，過去母系氏族社會中的「只知其母，不知其父」的現象便告消失，代之而起的是父親在家庭中逐漸從原來的女性家長手中奪走各種權利，對子女的擁有權也成了男性向女性奪權挑戰的一項重要內容。產翁禮制的出現，就是家庭中男性家長對女性家長生育權的一種形式上的篡奪。

元代此俗依然存在。義大利人馬可·波羅遊歷中國時曾列過今西南一帶，發現當地的少數民族流行一種十分奇異的習慣。孕婦一經分娩，就馬上起床，把嬰孩洗乾淨包好後，交給她的丈夫。丈夫立即坐在床上，接替她的位置，擔負起護理嬰孩的責任，共須看護四十天。孩子生下後一會兒，這一家的親戚、朋友都來向他道喜。而他的妻子則照常料理家務，送飲食到床頭給丈夫吃，並在旁邊哺乳。

分紅蛋

嬰兒滿月時，家長會廣泛分送紅蛋（染紅的雞蛋）給親友、鄰居以及同事等，讓大家分享自己的「弄璋」或者「弄瓦」之喜。近年來，大都市已流行用蛋形巧克力來替代，也頗受歡迎。生了孩子為什麼要送紅蛋呢？

盤古開天地據說分紅蛋的習俗淵源於遠古時期的卵生神話。《藝文類聚》引《三五歷紀》載：天地沒有開闢前，宇宙還只是個渾沌一體的大雞蛋，大神盤古便生子其中。在經歷了一萬八千年之後，天地開闢，陽清為天，陰濁為地，盤古在其中，——日九變，神於天，聖於地。《史記》等古籍裡，也有殷人先妣簡狄吞卵而生契、秦人先妣女修吞卵而生大業的神話記載。由於先民在幻想中把天地的開闢、人類的誕生、萬物的起源，都歸結於「卵」的造化，於是對「卵」的崇仰也隨之而來；又由於雞是最先被人馴化的禽類，雞蛋又是人所擁有最多的「卵」，因此雞蛋被當作具有生命力的吉祥物，更是理所當然的。

但是，為什麼一定要把雞蛋染成紅色的呢？況且從現存古代的記載來看，最早的「畫卵」用的也不是紅色。早在先秦時代，人們用顏料染畫雞蛋，然後放在水裡煮熟，相互饋贈，稱為「畫卵」或「鏤雞子」；到魏晉南北朝時，染雞蛋用「藍茜雜色」，可能是含有葉綠素的植物比較容易得到的緣故；大約到了隋唐時，用紅色染蛋才逐漸出現，但仍雜以其他顏色；而到元明之後，春季贈畫蛋的形式慢慢演變為在各種喜慶場合都可相贈，顏色亦逐漸歸結為操作方便、且最能渲染喜慶氣氛的單一紅色。當然，雕染畫蛋至今依舊是人們喜聞樂見的一種民間工藝品，紅蛋則以它的吉祥、喜慶意義而在民俗學中獨具意義，流傳至今，已固定為嬰兒出生和滿月時向人們報喜的一種禮物了。

劉備招親（年畫）舊時民間關於分紅蛋的傳說很多，最著名的是「劉備招親」的故事：東漢末年，東吳都督周瑜想用假招親、真扣留的計策，以劉備做人質，逼其交還荊州。諸葛亮將計就計，命趙雲護送劉備過江成親，同時帶去大批染紅的雞蛋。到了東吳，逢人便送，道是劉皇叔要與貴國公主孫尚香結婚，請吃紅蛋，讓大家同喜，來年還可讓吳國太抱上小孫子。此事一傳十，十傳百，家家戶戶都知道孫尚香要與劉皇叔成親了。吳國太得訊大喜，命令孫權馬上為他們辦喜事，孫權無奈，只好假戲真做，結果劉備娶了個好夫人，周瑜則「賠了夫人又折兵」。自此以後，江南地區每逢結婚或生孩子，部會向親友分送紅蛋。

剪胎髮

今在一些大都市著名的筆莊，常可見到一種特製的筆——筆桿上刻有「×××胎毛筆」，筆的下端是柔軟的略顯金黃色的毛，它是用嬰兒的胎髮製成的。在嬰幼兒髮型出生之後，胎髮留到一定的長度時，父母往往會請理髮師將它小心翼翼地剪下，然後請筆莊精心加工，製成一支具有特殊意義的毛筆，留作孩子的終身紀念。

在古代，落胎髮一般在嬰兒滿百日時進行，男嬰剃的髮式是「角」，即只留頭頂兩邊的兩撮頭髮；女嬰是「羈」，即留頭頂縱橫各一撮。後來則有滿月剃頭的習俗，但形式各異。古人認為嬰兒的胎髮是從娘胎裡帶來的，不能剃光，一般要在額頂留一綹「聰明髮」，腦後留一綹「撐根髮」。江蘇吳縣男孩留的是桃形髮，表示長壽；女孩則前後左幼兒髮型右留四叢，紮小辮子。廣東東莞男孩在頭頂囟門處保留一撮一寸多的胎髮，叫做「孝順髮」或「舅舅髮」，意為不忘養育之恩；後腦勺也留下一撮胎髮，用來紮成小辮，這樣就能揪住孩子不讓閻王爺搶走。

剃下的頭髮要妥為收藏。宋代時，常將胎髮搓成團，用紅綠線穿起，掛於堂屋高處，認為這樣可使嬰兒將來有膽有識。若干年後，本人如果有病，胎髮還可入藥治病。浙江嘉興農村，至今還保存著做「頭髮團」的儀式，即將剃下的胎髮和從小狗、小貓身上拔下的毛混在一起，噴上茶葉水，搓成頭髮團，掛在床頭，以為可以鎮邪。

中國各民族剪胎髮的習俗各不相同。河北省在剃頭時把胎髮剪下拴在手上，認為有保護作用。山東臨沂一帶嬰兒在一百天時剪胎髮。這天，先由舅舅剪第一刀，再由三個

剪胎髮

不同姓氏的女孩接著剪。剪下的胎髮被收在一個布袋裡，放在灶君像前，然後任其隨風飄去，大人嘴裡還要念道：「隨風走，活到九十九；隨風颾，活到八十八。」

第一章　生育風俗

第二章　婚姻風俗

婚姻形態

「父母之命，媒妁之言」是中國封建社會中男女結成夫妻關係所必須遵守的法則，這種婚姻關係不是建立在自由戀愛的基礎上，而是受家庭或家族利益的制約。中國封建時代最普遍的婚姻形式是包辦婚姻，即男女雙方的婚姻不是由自己決定，而是由他們的父母或長輩決定，當兒女的意見與父母的意見不一致時，兒女只能服從父母的選擇。這種婚姻從表面看是為了兒女，實際上是為了維護家族的利益，目的是要透過姻親關係來鞏固家族的地位。

除了包辦婚姻以外，值得注意的另外一些傳統婚姻形態還有搶婚、不落夫家和入贅婚等。八抬大轎搶婚又叫「掠奪婚」，是一種比較原始的婚姻形態，由氏族外婚引起。中國很多少數民族的婚禮儀式中都有摹擬「搶婚」的場面，但是它們的意義已經改變。

不落夫家又叫「長住娘家」，過去流行於中國東南部地區如廣東、廣西、福建惠安一帶及西南少數民族地區，反映了人們對從妻居的母系氏族的留戀。在人類社會早期，曾存在著一個被稱為母系氏族社會的輝煌時代。當時人們的生育觀念不是重男輕女，而是重女輕男。在母系氏族社會，氏族的世系是按照母系血緣來計算的。親屬關係由女性繼承，祖母傳給母親，母親傳給女兒，依次類推。在母系氏族社會中，女性的地位比男性高得多。納西族俗諺：「無男不愁兒，無女水不流。」生女重於生男，女兒是親族的根。納西族在婚姻制度上還保留了母系氏族的形態，實行嚴格的氏族外婚制，又叫「走訪婚」或「走婚」。走婚的特點是男不娶，女不嫁，雙方的婚姻關係不需要任何手續和儀式，只要男女相識、相悅，就可以建立「阿注」（親密的朋友）關係。如果女方同意，男子就可以在晚上到女方家過夜，第二天早上再回到自己的氏族參加生產勞動。雙方沒有經濟關係，所生的孩子歸女方撫養。

入贅婚民間又叫做「招女婿」。特點是：婚後新娘不出嫁到新郎家，而是招新郎到新娘家做女婿。之所以這樣做的原因有以下幾個方面：一是女方家沒有兒子。招了女婿以後，女方的父母就可以有人來為他們養老送終。二是生下的孩子要姓女方的姓，這樣可以繼承女方的家業。

在以男性為中心的封建社會中，這種「倒插門女婿」常常被世俗看不起。而入贅的新郎大多是因為家境貧困或單身在外無依無靠，萬般無奈才選擇了這種婚姻形式。

在現代社會中，隨著男女平等意識的增強，人們的婚姻觀念也在改變。今天，無論在城市還是鄉村，「倒插門女婿」都不再受到人們的歧視。與此同時，越來越多的年輕人結婚以後不打算住在父母家裡，而是另立門戶，自己租房或買房居住。

等輩婚

在原始社會人們謀求生存，與大自然搏鬥中，狩獵、採集食物等勞動往往由青壯年結伴而行，而煮食、照料兒童等一般家務勞動由老弱留在氏族內部來完成。這種勞動的內外分工伏羲女媧交媾逐漸促使婚姻群體發生結構變化。隨著人們思維能力的進化，上下輩之間不願再發生性關係，上下輩之間的血親婚配被逐漸排除。

這一階段雖有上下長幼之序，卻無兄弟、姐妹、夫婦之別，即在同一輩分中的兄弟、姐妹仍可以進行血親婚配。在中國許多文獻中都記載伏羲制嫁聚之禮，定婚姻之道。在遠古的神話傳說中，都認為伏羲為中國祖先婚禮的制定者。但是伏羲本人婚姻如何呢？唐代李冗《獨異志》記載了伏羲女媧兄妹結婚再造人類的神話故事：「昔宇宙初開之時，只有伏羲女媧兄妹二人在崑崙山，而天下未有人民。議以為夫妻，又自羞恥。兄與妹上崑崙山，咒曰：『天若遣我兄妹二人為夫妻，而煙悉合；若不，使煙散。』於是煙即合，其妹即來就兄。」由此可見伏羲女媧親兄妹結為夫妻的神話傳說由來已久。

遠古的神話傳說本是古代人民生活的反映。兄妹成婚而生人類的神話傳說不僅漢族有伏羲女媧，苗族亦有類似的傳說：「苗人臘祭日報草，祭用巫，設伏羲女媧位」。並根據現代人考察資料傳說，苗族人全出於伏羲女媧，他們本為兄妹，遭遇洪水，人煙斷絕，僅存此二人。他們兄妹二人配為夫婦，綿延人類。所以苗族人把伏羲女媧奉為始祖祭拜。

在其他少數民族中都有這樣類似的兄妹成婚而繁衍人類的神話傳說。如雲南怒族傳說遠古的洪水泛濫，淹沒了所有的人畜和田野莊稼。只有兄妹二人躲在一個大葫蘆裡隨洪水漂流到山上，倖免於難。洪水退後，所有的人都淹死了，只好兄妹二人為婚。婚後生九男九女，九對兄妹又相互為婚，繁衍了人類。安徽一帶民間也流傳一個類似的神話傳說，主要是講婚兄妹成婚生子的由來。故事也是說古代一場洪水災害後，人類都滅絕了。只剩下兄妹兩人抱著一個大葫蘆隨水漂流，洪水退後倖免滅頂之災。於是，兄妹二人分頭去找配偶。臨分別時，把葫蘆一分兩半，各執一半，一則半個葫蘆做瓢可以路上取水喝，二則以後相見，如果認不出來可以半個葫蘆為信物。可是兄妹二人分頭走了很久很遠，都找不到人類，只好回來兄妹相見。有隻烏鴉（是神仙指示）告訴他們兄妹可以結婚。兩人不信，便推一合圓磨石到山上，這幅石畫表明燧人氏與晚輩的性交活動已結束，說如果磨石滾下去合在一起就結為夫妻。結果兩扇磨石滾下山又合在一起，兄妹倆仍不信，又拿出他們各自的半個葫蘆扔在水裡，如果兩半葫蘆能合在一起變成一個葫蘆，兄妹就可以婚配。結果兩半葫蘆在水裡漂一會兒又合成一個葫蘆，於是，兄妹便結成了夫婦，重新繁衍了人類。

兄妹成婚的神話傳說幾乎在中國各個地區各個民族中都有。故事的形式內容雖不相同，但實質都一樣，這些美麗傳奇的神話，正是人類各民族對遙遠的，原始社會兄妹夫妻成婚的追憶和紀錄，反映了古代原始社會血親亂婚的習俗。

兄妹之間血親相好的亂婚習俗，不僅在古代神話及各民族歷史起源的傳說中得到反映，代代相傳而且我們還可以從古代社會血親兄妹相好的原始社會遺風中得到印證。

春秋時魯桓公夫人文姜是齊國國君齊襄公之妹。魯國國君從齊國娶的這位第一夫人，在魯桓公帶著她回娘家赴齊國訪問時，她便開始與胞兄齊襄公公開通姦。魯桓公覺得太不顧體統便責備了文姜夫人幾句，結果文姜夫人便與胞兄齊襄公合謀令人殺死魯桓公，兄妹二人繼續私通。我們可以根據齊襄公與胞妹血親姘居以及遺留到漢代「姑姐妹不嫁」的社會現象，來窺視古代血親亂婚的習俗。

妻妾制

中國封建帝王的多妻形式表現為妻妃嬪制，而在官吏階層與平民階層則表現為納妾。妾在古代又稱小老婆。因時代不同及地區差別，稱呼也不一樣，後世以妻妾合稱內室。

但妻妾在古代有著嚴格區別。《禮記．內則》云：「聘則為妻，奔則為妾。」凡妻子都必須具備婚禮，明媒正娶，而納妾就不一定拘什麼形式與禮節。妾的來源有多種，納妾可以收房，即與侍候日常生活的丫鬟婢女發生性關係後，可收房納為妾。也可以花錢去買。《因話錄》記載唐代詩人柳公綽為西川從事時，買了一位歌妓做妾，當時有人勸他把歌妓送回，他便振振有詞地說：「士有一妻一妾，以主中饋灑掃。公綽買妾，非妓也。」《陶庵夢憶》記載明代有「揚州瘦馬」，揚州這個地方有許多人家專門把女兒賣給人家做妾，稱這種人非娼非妓，名曰「瘦馬」。中國幾千年封建社會中買妾之風一直很盛，買妾成為納妾的主要管道之一。

妾也可以互相轉讓或饋贈，據《史記》載，秦代時，呂不韋娶姿色美貌的邯鄲姬為妾，同居懷孕後，又轉贈給當時在趙國做人質的秦公子異人，後來生下秦始皇。

妾不僅可以贈，而且可以用物交換，中國古代有寶刀名馬美妾可贈人的說法，遇到感興趣的東西，以愛妾去交換也屬於平常事。像唐代就有愛妾換寶馬的故事。《唐詩紀事》記載妻妾成群，韋生有名馬，鮑生有美妾。一次二人飲酒作樂時，鮑生讓侍妾夢蘭、小倩斟酒作樂助興。喝到酒酣耳熱之際，兩人到軒欄邊欣賞韋生的名馬。韋生說：「你如果能以侍妾相換，欄中名馬任君挑選。」鮑生一見駿馬喜不自勝，便命一侍妾盛裝更衣，打扮齊楚贈給韋生。這位侍妾為韋生吟詩勸酒：「白露溫家砌，皓月臨前軒。此時去百恨，含思獨無言。」又吟唱一詩與鮑生贈別：「風貼殘荷雖暫圓，此生信有短姻緣。西橋今夜三更月，還照離人注斷弦。」韋生見此妾貌美才高藝絕，更是高興，便將名馬紫叱牽出贈給鮑生。妻妾成群妻與妾身分地位在古代有嚴格區別。從禮制上講「夫妻一體」、「齊等」而言，妻子還是與丈夫平起平坐。而妾就大不一樣了。在宗法制社會裡，娶妻就要拜宗廟。家祭時妻子是重要角色之一，妻死後要入宗廟祠堂，配食香火供奉。而妾一般不能事宗廟參加祭祖，勉強允許參加也只是配角。死後也沒有配食香火受祭的權利。即使有親生子女，也只能是享受別祭，而不能享受正祭。

從聘娶方式上講，妻只能是明媒正娶，而妾就不拘形式和禮節。即使聘娶，儀式也要簡得多，一頂小轎抬回來就行了。因為妻為正式偶，明媒正娶，所以只能是一個。就像皇帝也能立一個皇后，其他只能是嬪妃。而官吏平民只能有一位正妻，而妾則可以有幾個甚至幾十上百個。侍妾成群由於妻妾名分極為嚴格，所以古代禮制上不允許以妾亂妻。西漢時，孔鄉侯傅晏，以妾為妻，被以「亂妻妾之位」的罪名奪爵免官，流放到合浦。

古代不僅官吏可以納妾，就是貧困到難以生存的市民也可以娶妾。《孟子．離婁》載：齊國有人娶了一妻一妾過日子，家貧無以為生。但是丈夫每天出去都吃飽喝足醉醺醺地回來。其妻問他在哪裡吃喝，他每次都回答是在富貴人家。他的妻與妾經常聽他說與富貴人家交往，卻不見一個貴人到家裡來，便懷疑他。第二天丈夫又出去，妻子與小妾就出來跟蹤，發現他在城內停都未停，直到東郭外一片墳地裡，向墓祭的人乞食祭品，這邊吃完又向另一處去討吃。其妻回來對妾寒心地說：「良人者（丈夫）所仰望終身也，今若此。」可是這位當丈夫的認為他的真面未被揭穿，回來時依然「驕其妻妾」。這個故事雖然像個寓言，但是很能說明古代納妾的普遍性。

相親

古代女子往往「生在深閨人未識，是妍是媸無人知」。經媒人說合後，男方往往提出看一看的要求。這種由男方在媒人的帶領下到女方家作初步訪問的活動，稱之為「看親」，雅稱「相親」。

相親是男女兩家直接相看婚姻當事人。女方家是相看女婿，男方家是相看兒媳。相親禮俗是起源於擇婿。父親看到某個青年男子各方面條件不錯，有意將女兒許配給他，便主動談及婚事。春秋戰國時，史書開始載有擇婿之事。到了漢魏六朝，擇婿禮俗十分盛行。漢高祖劉邦即是呂后父親呂公親自挑選的女婿。宋時《夢粱錄》說：「然後男方家擇日備酒妝筵禮詣女方家，或借園圃，或湖舫內，兩親相見，謂之相親。」這裡說的相親，只是說男女雙方家長相見，並未說是否相看婚姻當事人。

在明清時相親則是專指相看當事人。相看未來的女婿，女方家多是由父親出面；相看未來的兒媳，男方家多是由母親前往，這樣相看也較為方便，也有委託媒人或至親去相親的。相看時男女當事人有時知情，有時不知情，這要看父母是否開明。大多數父母會在事前告訴兒女。當事人即使明白事由，按規矩也要裝作不知，不能讓相看人覺得有什麼虛假造作。

相看女婿的形式很多，事前定好時間和地點，或在集市上相遇，或在地裡做活路過。有時直接到男方家串門，有時是媒人陪著男方前往女方家拜訪。《今古奇觀．錢秀才錯占鳳凰儔》中有一段相親描述，反映了女方家相看女婿的情形。

富家子弟顏俊，相貌醜陋，不學無術，聽說幾十里外的高贊有個女兒才華出眾，貌似天仙，正在擇婿，便委託媒人前去說親。高家提出要男方來家相親，顏俊自知親自前去事情肯定會告吹，便央求雖無什麼家財，但一表人才的表弟錢青代替自己前往女方家。錢青因依附表兄家讀書，無法推辭，只好答應。錢青到達高贊家後，高贊看到錢青一表人才，心中已經十分高興。兩人交談後，高贊看到錢青的舉止談吐優雅，暗中佩服。然後讓兒子的老師考查他的才學，結果這位老師都自愧不如，高家對這門婚事是十二分的滿意。

男方家對女方的相親形式比較單純，一般都是在女方家裡進行。舊時講究閨範，未婚青年女子，平常大門不出，都是在家中做事。相親時，男方家有時本人不會去，媒人以串門聊天的形式，到女方家去相親。女方這時大多坐在炕上，做針線活。相親人一邊與女方母親聊天，一邊仔細端詳女方。從容貌、身材、膚色，到針線活水準，都會一一相看。有時還會找些話題，與女方直接說幾句話。如果女方手巧，女方母親就會拿出女方做的針線活，讓相親的看，相親人借此誇獎幾句。女方明知是相親來了，但又不好說什麼，這時多是羞澀難當。相親人不僅看女方本人情況，還要看家庭情況，有其母必有其女。家裡收拾得整齊乾淨，女兒必是手腳勤快之人。

相親的日子是由媒人預先定好並通知男女雙方的，因此，雙方都要做好準備。男方要根據女方父母的愛好，準備一點禮物；女方要灑掃庭院，準備接待客人。作為當事人，男女二人都要打扮得盡可能有風度，要光彩一些，以便給對方一個好的「第一印象」。

劉備招親花瓶看親是婚姻能否成功的一個關鍵環節，特別是男方，尤其要慎重對待。禮物雖無非菸酒點心之類，並不在乎數量多，價值高，而一定要投其所好，切忌觸犯對方父母的禁忌；衣著打扮要大方入時；言行舉止要謙虛有禮。古時看親時，男子只能由媒人創造機會偷偷看女子一眼，現在不同了，男女雙方可以直接見面、談話，雙方都有機會對對方有一個初步的了解。

中國是個「禮儀之邦」，講究含蓄。看親的結果往往並不直接表白出來，而用各種暗示來表現。很多地方都是在男方進門之後，女方父母先給男子倒上一杯熱茶，男子看了女子覺得中意，就把這杯茶一口飲乾。然後女方父母和女子一起商量，如同意結親，就留男方和媒人吃飯，不同意就任由男方告辭回家，有些父母甚至還會託媒人將男方帶來的見面禮帶走。

有些地區除了看親之外，還有「察人家」的習俗。「察人家」其實也是看親，是男方由媒人帶領到女方家看過女子後，女方父母對婚事暫不表態，再由媒人帶領，回訪男方家。祁陽一帶則稱為「看當」。看當時，男方父母應先奉上香茶一盞，然後和女方父母交談。女方父母透過察看男方家並與男方父母交談，如果對婚事認可，就將香茶喝盡，男方父母立即以「親家」相稱，並盛情款待客人。否則，女方父母應起身告辭，男方不要勉強留客。

聘禮

相親之後，要履行訂婚手續，俗稱「過禮」。「過禮」的第一步，是由媒人把男方的生辰八字送到女方，女方的生辰八字送到男方，有些迷信的父母，自認為是對兒女的婚事負責，往往在接到紅帖之後要請算命先生推算一下，看雙方的「生辰八字」是否相合，如果不合，婚事就要重新考慮。

第二章　婚姻風俗

「換帖」、「合八字」之後，媒人要選個好日子，帶男方去「過禮」訂婚。「過禮」是大事，一般嫁娶的主動者（無論男女）要向另一方送一筆重禮。

聘禮是男方家在女方家答應婚事後，送給女方家的定婚財物。聘禮又稱聘幣、聘財，民間稱財禮、紅定。把聘禮送給女方家，稱送聘、下財禮、下定、下花紅。聘禮在定婚儀式中占有重要位置，人們非常重視。只要女方家收下財禮，即使沒有寫婚約證書，人們也會認為婚事已定。

聘禮應出現在從夫居時代。在這以前婚姻形式是從妻居，男不婚，女不嫁。男子在晚間去女方家與性夥伴同居，雙方經濟上沒有什麼來往，婚姻關係隨時可以解除，自然不會有什麼聘禮。實行從夫居後，女方嫁到男方家。女方家庭將女兒養育成人，付出許多艱辛，現將女兒白白嫁出，總覺得有些得不償失，希望男方給一定的補償，哪怕是象徵性的，心裡也會略微平衡。男方為了得到女方，也認為應該做出補償，聘禮習俗逐漸形成。

民間聘禮自古無定數，完全是隨時而定。每個時代每個地方標準都不相同。無論是什麼人，聘禮都是以當時標準為基準，上下略有浮動。如果過於節儉，就會受到人們的恥笑，有時還會導致婚事告吹。聘禮多少為宜，這一點要看家庭的社會地位和經濟狀況。男方家庭社會地位高，經濟狀況好，聘禮自會豐富。女方家庭社會地位和經濟狀況

聘禮

優越，嫁妝也不會薄。婚姻講究門當戶對，聘禮和嫁妝是其中的一個原因。窮人與富家結親，嫁妝和聘禮怎麼出？少了人家看不上，多了自家出不起。窮對窮，富對富，雙方經濟實力相當，聘禮和嫁妝都好確定。

追求聘禮數量，甚至以聘禮多少為出發點，考慮是否締結婚姻，名為嫁女，實為賣女，是聘禮風俗中的不良風氣。秦漢時這種風氣開始流行，在整個封建社會，幾乎從未停止。雖然統治階級利用禮法、聖訓、文告等形式，把聘禮限定在一定數量內，對索要高額聘禮的給予處罰，但實際上收效甚微。從整個社會情況來看，聘禮的薄厚，還是與社會的發展水準相適應的。大多數人家，在送聘禮和收聘禮時，看重的還是禮儀和情誼，不會過多計較財禮的物質價值。

歷朝聘禮的構成各有特點。周朝是玉帛儷皮，戰國時開始使用金錢。漢朝以黃金為主，實物是附屬。魏晉南北朝多用獸皮。到了隋唐兩朝，聘禮品物繁多，金銀珠寶，綢緞布匹，衣飾被縟，都可成為聘禮。進入宋代，富貴人家置辦聘禮，除一般物品外，流行給女方製作一些純金首飾，常見的是金釧、金錠、金帔墜，號稱三金。經濟稍差一點則用白銀打製，也有銀製鑲金的。明清時期，打製金銀首飾更加普遍，手鐲、耳環、耳墜、戒指最為流行。普通百姓之家，置辦不起成套飾物，至少要準備一兩件銀飾。

聘禮通常在迎娶前一百天或兩個月送去女方家，也叫放大定。具體日期由男女兩家協商確定。送聘禮時還要正式通知女方家娶親的吉期，故又叫「通信過禮」。女方家收到聘禮，大多先陳列在庭院，請親友們觀看，顯示男方家聘禮的豐厚。

請期

換帖定婚後，接下來就應該確定結婚的時間了。這個程度在「六禮」中叫「請期」，即男方家送聘禮後，又託媒人請女方家擇定迎娶的時間，民間俗稱「選日子」。之所以請女方擇期，是因為許多人篤信「坐床喜」，希望新婚之夕便能讓妻子懷孕，所以要避開女子的「例假日」，這就需要透過「請」的方式來徵求意見。此外，也有男女雙方同時找人選擇嫁娶時間的，那就更有必要以「請」的謙和來協調了。先秦時占卜的龜甲請期的依據是「擇吉」，古人既然認為婚姻關係的確立乃「天作之合」，所以結婚的日期與時辰也應該順應天時才會有好結果。先秦、秦漢之際，選擇「吉日良辰」的辦法以占卜為主，卜者透過觀察卜骨上的裂紋決定吉日。

後來陰陽家、風水家、星命家等各路「專家」都來兜攬為人娶妻擇吉的生意，產生出種種矛盾。有一次，漢武帝召集大家到宮裡，問「某日可取婦乎？」凶神太歲結果「五行家日可，堪輿家日不可，建除家日不吉，叢辰家日大凶，歷家日小凶，天人家日小吉，太乙家日大吉」，大家相互辯駁問難，吵得不可開交。最終由漢武帝出面裁決，「避諸死忌，以五行為主」。從此，五行占卜便成了選擇嫁娶吉日的主要辦法，再往後又雜採諸家，逐漸演繹成一整套龐雜的婚姻擇吉體系。舊時算命先生多藏有一部《增補諸家選擇萬全玉匣記》，就是他們做這筆生意的「經典」。

嫁娶擇吉的主要依據之一，是看所謂「神煞」的當值秩序。人們常在老黃曆上看到「是日月破，大事不宜」、「是日吉星天德」等字樣，這裡的「月破」、「天德」，就是當值神煞的名稱。神煞有吉神凶神之分，嫁娶時間之年月日辰是宜是忌，首先就要確認這個時間是哪一尊神煞在哪一個方位當值，然後做出趨吉避凶的安排。比如「歲德」，是年神中的吉神，所理之地，萬福輻湊，自然是辦婚事的好年頭，倘若凶神「太歲」駕臨，那就必須迴避了。過去還有結婚忌「當梁年」的習俗：古人以子、午、卯、酉為「當梁年」，以為該年不宜結婚。反之，也有很多人趕在「兔年」的下半年結婚，希望在「龍年」生「龍子」，於是兔年便成了嫁娶的吉年。

擇年之後，還要擇月、擇日、擇時，所依準則與擇年相似。

迎親

佳期在即男女兩家都要殺豬宰雞，準備喜宴，還要請好廚師、儐相、伴娘、轎夫、帳房、師爺及其他幫著辦事的勤雜人員。這些人應徵後，應在迎娶的前一天即到主家開始工作，做好迎親擺宴迎娶隊伍來到女方家的準備工作。

傳統婚禮一般是女方家早晨「出嫁酒」，男方家中午擺喜筵；如果是納婿（招郎——男到女方家）則反之。

一切準備就緒後，男方家鳴炮奏樂，發轎迎親。媒人先到，接著是新郎、伴娘、花轎、樂隊、禮盒隊。

女方家在花轎到來之前，要準備好喜筵。姑娘要由母親或姐姐梳好頭，用絲線絞去臉上的絨毛，化好妝，謂之「開臉」，然後飾上鳳冠霞帔，蒙上紅布蓋頭，等待迎親的花轎。花轎一到，女方家奏樂鳴炮相迎。迎親隊伍進入女方家堂屋後，花轎落好，新郎叩拜岳父岳母，並呈上以其父名義寫好的大紅迎親簡帖。接著是女方家奏樂開筵。席間，媒人和新郎要小心謹慎一些，因為中國民間有不少不成文的習俗，在新婚的三天裡，親朋戚友中的平輩和晚輩青少年可以別出心裁地在媒人和新郎身上編演幾齣小小的鬧劇，稱之為「洗媒」和「掛紅」（鄉下俗稱「賀新郎披紅掛花去迎娶客」）。新娘的嫂子說不定會在盛給新郎的飯碗下層埋半碗辣椒麵；新娘的妹妹會在斟酒時特別給姐夫抹一把鍋底灰。對這些能增加歡樂氣氛的小鬧劇，媒人和新郎應該容讓——雖不妨也「以其人之道還治其人之身」，小小地報復，但卻絕不能生氣，甚至和客人吵鬧、扭打。

早宴之後，新郎新娘在媒人的引導下向新娘的祖宗牌位和長輩行過禮之後，伴娘就可攙著新娘上花轎了。

上轎時，新娘要痛哭，以示對父母家人的依戀。哭嫁是迎親儀式中一道獨特的風景。女子拜別養育自己多年的父母去到一個陌生的環境，心中少不了不捨和茫然，於是悄然飲泣，甚至失聲痛哭。哭嫁的程序一般是先有母女對哭，姑嫂對哭，後由周圍鄰居未婚姑娘和未娶青年媳婦前來陪哭。哭者和陪哭者都拿著手絹坐在床上，兩人一仰一俯地對哭，其他夥伴低聲飲泣。陪哭一個接一個，直到新娘哭累了才停止。有時親戚相鄰前來送禮看望，也會相對哭一陣，作拜賀答謝之禮節。等到上轎的那一天，哭嫁終於達到了高潮，這時不僅要痛哭，還要邊哭邊唱，其內容有感謝父母養育之恩的，有拜別兄弟姑嫂的，有痛罵媒人多事的，也有戀戀不捨、不願上轎的。

新娘上轎後，即奏樂鳴炮，啟轎發親。樂隊在前，樂隊後面是新郎（有條件的要騎馬），接著是花轎和其他送親的人員。新娘在啟轎時，往往要塞個紅包給轎夫，以免花轎搖擺得過於厲害。

接親的隊伍將要到達新郎家門口時，男方家要鳴炮奏樂相迎。花轎停在新郎家的堂屋門前，男方家請的伴娘（一般是年輕貌美的女子）要上前掀起轎簾，將新娘攙下轎來，儐相上前贊禮，賓客向新郎、新娘身上撒花（一般用紅、黃各色紙屑替代），將婚禮推向高潮。

拜堂

拜堂，亦稱「拜天地」或「拜花燭」。此俗源起伏羲女媧兄妹成婚的故事，當時並無媒人撮合，而是天地為證，這才有了婚姻與人類的繁衍。所以，後人結婚都要拜天拜地，具有表示這門婚事是天作之合，並有天地為證，因而也將得到天地護佑的多重意義。其實周公所訂「六禮」中，並無拜堂一節，一般夫婦拜節夫妻對拜認為這是北朝後才興起的禮儀，發軔於北方少數民族，然後經漢族吸收演變而來。唐封演《封氏聞見記》云：「近世婚嫁，有障車、下婿、卻扇及觀花燭事，及有下地安帳並拜堂之禮。上自皇室，下自士庶，莫本不皆然。」可知拜堂之俗在唐代已十分流行。

拜堂的儀式是在喜堂正面放一張供奉天地諸神的「天地桌」，桌上除置有天地牌位、祖先神座、彩印神、龍鳳花燭等之外，還有盛滿糧食的米斗，斗中插有弓、箭、尺、秤等物，俗稱「三媒六證」，表示這門婚姻男女相配，合禮合法。天地桌後面和喜堂兩邊，都掛著親友送賀的喜幛賀聯和各種吉祥畫兒，又有太師椅兩把，準備給男方的父母接受拜禮時坐的。吉時一到，燃香點燭，奏樂鳴爆竹，樂止，司儀喝令，新郎、新娘分男左女右站定，隨掌禮人喊令聲開始跪拜。拜堂的口令因地而異，有的是「一拜天地，二拜祖先，三拜高堂，夫妻交拜」；有的是「一拜天地，二拜高堂，夫妻交拜」，因為拜天地時已經將拜祖先包含在內了。此外，也有許多地方把拜天地安排在庭院中，或是新人拜天地時背對花燭面向庭院，對空而拜，庭院無遮無蓋，上有天，下有地，可謂名副其實的拜天拜地了。

許多地區還把拜堂口令念成押韻的歌謠，如：「香菸繽紛，燈燭輝煌。新郎新娘，雙雙拜堂。一拜天地，二拜高堂。夫妻對拜，送入洞房」；「一拜天，二拜地，三拜生身親爹娘。夫婦交拜兩相喜，拜畢新人入洞房」。

喜宴

在傳統婚禮進行的前一天男方家已經張燈結綵，其布置大略如下：堂屋：門前對聯一副，加橫批。堂屋中間高懸一方形綵燈，綵燈四面分別繪上「鸞鳳和鳴」、「觀音送子」、「狀元及第」、「合家歡」圖案。香案上一對碩大紅燭。兩邊「對座」牆上貼「陪對」一幅。後新娘走入男方家門「金牆」上貼「天地君親師位」六個大字，自上而下直寫。這六個字的寫法有講究：天要平，即「天」字的兩橫要寫平，不能彎曲；地要寬，即「地」字寫寬一些，不要過窄；君不開口，即「君」字要全封閉，不能留空隙；親不閉目，即寫繁體「親」字，右邊的「見」字不能把上面的「目」字最後一橫全部封住；師無別意，即繁體的「師」字要少寫一撇。

新房：門框兩邊貼對聯一副，加橫批（橫批一般寫「鸞鳳和鳴」四字）；門上貼大紅雙喜字；新房正中懸綵燈；窗戶上貼剪紙的大紅雙喜字，四角貼剪紙的蝴蝶圖案；窗戶兩邊貼對聯；牆壁四周掛字畫。

廚房：正門對聯一副，加橫批，門上貼紅「喜」字。

康熙大婚時的喜字門其他：所有房間門上均貼「喜」字一個。拜堂之後，新娘便在新房落座，不再出來。新郎要走出新房接待賀客。如在飯店、流水席宴賓，則夫妻雙方都得出去會見賓客並向賓客敬酒。喜筵要按來客的尊卑長幼排定座位，稱之為「請客」，或者「清客」。排座位的原則是上尊下卑，右尊左卑，客人按其長幼和身分、地位從高到低排列座次。

主席要擺在堂屋上方正中，請「大親」坐上首右邊席位，新郎的父親或舅父坐上首左邊席位作陪，其餘按尊卑長幼對號入座。

除堂屋的正席外，次尊貴的一席擺在新房中，請新娘的母親坐首位，由新郎的母親或舅母作陪。其他各席的座位一般也要按尊卑次序排定。

座位排定後，儐相宣布動樂鳴炮開宴，新郎要先到首席斟酒敬酒，說幾句表示感謝的話祝酒，然後，廚房開上第一道菜來，把婚宴推向高潮。

各席的酒菜應該一個樣，唯「男大親」和「女大親」所在的席次，通例必須有清蒸的豬腳一個。而且，新郎要時刻守候在桌邊，為「上親」斟酒、送熱毛巾等，以示尊敬。

喜筵結束前，媒人早已溜走，謂之「逃席」。倘若不走，「洗媒」的人會把他的臉抹成鍋底。喜筵結束後，「上親」先退到堂屋休息一會兒，吃些點心，由男方尊長陪著說些客套話，待勤雜人員把席面撤去，掃了地，大親就該起身告辭了。臨起時，男方家要「打發」衣料、鞋襪之類，講究的還有紅包。「送大親」是又一個熱鬧場面，男方家所有體面的人都要送到門口，還要鳴炮動樂，以示敬重。新郎及其父母應送客至村口。

鬧洞房

曾幾何時，婚禮作為個人私密，嚴格遵守不樂、不賀的規定，可是到了漢代，看新婦、聽房，乃至鬧洞房都成了通行的習俗。鬧洞房時，男女老少齊聚一堂，除了新人的父母、祖父母和鰥寡孤獨等不祥人以外，其他人均可參加，並且極盡嬉鬧之能事。其中大致可以分為文鬧和武鬧。文鬧就是用言語挑逗新人，或者說些「黃段子」，讓新郎新娘難以啟齒、無地自容。也有的讓新娘唱一些現編俚曲，其中自然少不了情愛之詞，以之取樂。文鬧雖然不雅，武鬧卻更讓人難堪，有時甚至造成人身傷害。

漢唐的武鬧，都有打女婿的舊俗，「婿拜合日，婦家親賓婦女畢集，各以杖打婿為戲樂，至有大委頓者」。唐代鬧房捉弄新郎還發生過誤殺新郎的案子。當時有某甲娶親，親友們在一邊戲弄。正巧邊上有個櫃子，乙、丙二人就強押甲入櫃，說是拘禁他的牢獄，還關上了櫃門。沒想到等他們將甲放出之時，甲早已窒息而死。

武鬧更多的則是針對新娘，即「弄新婦」。在場之親友，毛手毛腳，占盡便宜。所以有些婦女在嫁娶之時，便將新郎誤以為鬧房者為小偷，大打出手。

俗話說「新婚三日無大小」，鬧房的痛快反映出一種普遍的變態心理，於賓客而言，似乎從鬧房中得到了某些補償，將平日裡一直受壓抑的性渴望部分地發洩到新人身上，於主人而言，則似乎鬧得越熱鬧越吉利，全然沒有保護新人的意思，其動機無非有二：一是怕影響了鄰里、親友的感情，二是他們迷信地認為女子陰氣重，易引來鬼魅、妖魔，因而默許鬧洞房以增加人氣。可是這麼做，傷害到的是不諳世事的年輕夫婦。尤其是養在深閨的新娘，突然受到如此荒唐、鬧房者趴在床底下淫濫的對待，其心理上所受的衝擊可想而知。

在鬧洞房時，有許多捉弄新郎新娘的遊戲。常見的遊戲有如下一些玩法：

❖ **遊戲之一——取筷子**：將一雙筷子置於酒瓶中，只露出很短一截，讓新郎新娘全力用嘴唇把筷子取出，實際就是請兩人表演親吻。

❖ **遊戲之二——吃香蕉**：用彈性繩捆住香蕉吊於新郎躍起能夠到的高度，新郎用嘴拉下香蕉。新郎新娘用嘴剝皮，然後共同把它吃完。為了不讓繩子縮回，一個做動作，另一個必須咬住香蕉，這就要看兩人的配合了。

❖ **遊戲之三——點火柴**：將火柴插於紅棗上，在盛水的盆裡漂浮。一根紅線中間插一支點燃的香菸，兩頭分別由新人咬住，兩人你進我退，合力用煙點燃盆中的火柴。要屏住呼吸，用扎實的「牙功」與眼光才能獲得成功。

❖ **遊戲之四——夾彈珠**：準備一盤玻璃彈珠，讓新郎新娘各執一支筷子，兩人一齊將彈珠夾出。

❖ **遊戲之五——對詩比賽**：鬧房者躲在洞房外偷聽私語若新郎新娘是喜愛文學的，那麼請他們來一次對詩擂臺賽。先由新郎吟詩一句，然後新娘接吟，要求接吟的句中至少有一個字與上一句相同，如此反覆，接不下來者判負，負者表演節目。

❖ **遊戲之六——夫妻識字**：這個「識字」是讓新郎選一個「字」（或一個短語），然後請新郎做各種動作（不准說話，不准用手描筆畫）給新娘看，要使新娘能「識」這個字。選「字」的時候，挑那些與新婚氣氛相吻合的內容，例如：「愛」、「戀」、「夫妻」等等。

❖ **遊戲之七——說暱稱**：新郎新娘分別想十個暱稱去稱呼對方，什麼心肝啊，寶貝啊，狗狗啊，肉肉啊，越肉麻越好。如果來賓不滿意，則可要求再說。

❖ **遊戲之八——親親甜心**：新郎仰面躺在床上，然後把切得薄薄的香蕉片貼在他的臉上和脖子上，讓蒙著眼睛的新娘用嘴去找那些香蕉片。

❖ **遊戲之九——接吻**：直接要求新郎新娘接一個長吻，三分鐘或是五分鐘都可以。

❖ **遊戲之十——撒喜床**：撒喜床是在鬧洞房時，由新郎的嫂嫂表演的一種邊歌邊舞的遊戲，嫂嫂手托盤子，盤內鋪紅紙，紅紙上放栗子、棗、花生、桂圓等物。新娘坐在床上，嫂嫂抓乾果往床上撒，邊撒邊唱。鬧洞房的眾人聽了嫂嫂的歌唱，也隨聲附和，洞房中歡聲笑語徹夜不斷，嬉笑打鬧聲一浪高過一浪。

其實，鬧洞房對於沒有戀愛基礎的新人來說，是一種很好的調節，可以消除陌生感和距離感，緩和緊張的心理。同時，適當地喝一些酒，聽一些「黃段子」，也有利於刺激情慾，使他們初次的性生活過得更為美妙和諧。只是「過猶不及」，一些明顯出格的舉止行為將好事變為陋習，實在是令人扼腕。

回門

回門，也稱「拜門」、「會親」、「喚姑爺」，是女子與舊生活的徹底告別。婚後第三天，新人帶著禮物，相偕回女方家，女方家大擺宴席，款待女兒、女婿。夫妻雙雙把家回由於此前女方家屬包括父母多未與新郎打過交道，這是一次正式考察其人品的機會，只是多少有些嫌晚，新郎若是謙和有禮的佳公子，自然值得慶幸，可若不如人意，此時再發現，也於事無補，只能企求上天保佑女兒平安幸福了。

回門之禮先秦已有之，稱為「歸寧」。在古代，女子的生存似乎從來沒有獨立的人格，婚前屬於父母，婚後就屬於丈夫和他的家庭。這一改變以迎親作為轉折的起始點，以第一次歸寧作結。歸寧，從字面的解釋來看是指向父母報平安，使他們內心安寧。也就是向他們宣告：女兒的生命，與身邊的這個男人福壽三多，佛手為福，石榴多子，蟠桃多壽榴開得百子已經不可分割了，請他們不要再為自己操心；女兒也不可能再在父母身邊盡孝，反而要對公婆侍奉終老，請父母也不要再掛念。所以，歸寧是女子同父母的正式告別。

從這次歸寧以後，婦人便不能隨便回娘家了，除非父母發出邀請，或得到公婆、丈夫的批准，而且一般情況下，應該由丈夫陪同前往，否則會被視為失禮。比如《孔雀東南飛》中劉蘭芝被休回家之後，她的母親便忿忿然地問：「汝今何罪過，不迎而自歸？」

有的女子結婚之後還要隨丈夫一家搬遷，在交通和通訊都不發達的古代社會，這可能導致她和父母兄弟完全失去聯繫，因此回門（歸寧）也可能是她一生中最後一次見親人，所以無論對新娘還是她的家人，都特別珍惜這次機會。

回門也有不在第三天，而在六、七、九、十或滿月之時的，但整體而言，以第三天為最常見，於是三這個數字便發展出一項特殊的意義：在很多地區，大年初三成了女婿上門的日子，家家戶戶這一天都要精心準備酒菜，犒勞新、老姑爺和準姑爺，女方的家族則精心策劃，要給新郎「好看」。新娘家老人心裡非常重視三天回門，因此新郎事先無論是從思想上還是在禮品上都要有所準備，爭取給岳父岳母留下愉快的好印象。

禮品事先備齊，買新娘家老人喜歡的禮品，禮品一般有四件。回門一般在上午九、十點鐘動身。新郎新娘應像參加婚禮那樣認真修飾、打扮，保持婚禮上那漂亮、俊美的形象。

回到娘家，新郎、新娘首先要問候老人。這時，新郎就應改口，跟新娘一樣稱岳父母為父親、母親，要叫得自然、親切，對待親友和鄰居也應表現出親切熱忱，彬彬有禮，見人先打招呼，以禮相待。新娘跨出父母的門檻，也可能是她一生中最後一次見父母。用餐時，新娘要陪著新郎，一一向父母、親友和鄰里敬酒，感謝大家對自己新婚的祝福。飯後，不要急於回家，應再陪父母聊一會兒，聽聽他們的教誨，然後再告辭回家。並應主動邀請兩位老人和兄弟姐妹到自己家裡做客，也可邀請親友、鄰里。

七出

傳統的婚姻結婚是「合二姓之好」，離婚是解除兩個家庭的連繫。結婚和離婚都是婚姻的應有之意，當然離婚也受婚姻禮俗的制約。

中國傳統的婚姻是以男子為核心的，「夫婦」兩字就包含這個意思、按《說文》的解釋：「婦，服也。」妻子處於丈夫的附屬地位，其名分關係是十分清楚的。按照夫主婦從的禮法，夫婦之間的地位自然是不平等的。夫婦在一起吃飯同尊共榮，婦不存在獨立的人格，一切榮辱地位依丈夫的身分而定。依照這樣的禮法，中國的封建社會離婚比結婚方便，離婚不用找中間人（結婚要媒人），也用不著找人裁決，離婚的主權掌握在

七出

丈夫手中，所以古代稱「離婚」為「休妻」、「棄妻」、「出妻」。

在男尊女卑的社會，離婚的過錯全在於女方。最早用法律形式對離婚的條件做出規定的是《漢律》中的「七出」。中國古代有「法本於禮」、「法出於禮」的說法，「七出」原本於《大戴禮記．本命》：「婦有七去：不順父母，去；無子，去；淫，去；妒，去；有惡疾，去；多言，去；竊盜，去。」「不順父母，為其逆德也；無子，為其絕世也；淫，為其亂族也；妒，為其亂家也；有惡疾，不可與共粢盛也；口多言，為其離親也；竊盜，為其反義也。」這就是說妻子不孝敬公婆，違反道德，離婚；不能生育兒子為夫家傳宗接代，離婚；妻子行為不貞，亂了家族血統，離婚；婦人有妒嫉心，影響了家庭和睦，離婚；妻子患有重病，不能侍候丈夫，離婚；妻子亂講多話，影響了家族親戚的恩情，離婚；妻子擅自動用家庭財產，違反道義，離婚。顯然這都是對婦女說的，只要婦女違反了其中的任何一條，男子都可以宣布「去妻」，而且有些條目的標準是含混不清的，例如「妒」、「口多言」都是含混的，還有「竊盜」，究竟動了家庭的什麼財產是「竊盜」；「惡疾」，得什麼病就可以休妻，這都是以男子的好惡為標準的。

除了「七棄」，中國封建社會完備的成文法《唐律》還規定了義絕、和離、呈訴離婚等條款。

「義絕」是中國封建社會所特有的。如果發生了下列五種情況之一，不論夫婦雙方是否願意，必須離婚。這五種情況是：一、夫毆妻之祖父母、父母，殺妻之外祖父母、伯叔父母、兄弟、姑、姐妹；二、夫妻祖父母、父母、外祖父母、兄弟、姑、姐妹自相殺；三、毆打夫之祖父母、父母，殺傷夫之外祖父母、伯叔父母、兄弟、姑、姐妹；四、妻與夫之緦麻（即曾祖父、族伯叔、族兄弟）以上親姦或夫與妻母姦；五、妻欲害夫。如果犯了「義絕」而不離，要以違法處罰。

「和離」是雙方自願的離婚方式。《唐律．戶婚》規定：「若夫婦不相安諧而和離者，不坐。」明、清時的律例也有「夫婦不相和諧，兩願離者，不坐」的規定。但是「和離」的實際例子極少見。這可能是因為在封建社會中婦女極少有獨立的經濟能力，還因為在封建禮教的束縛下，婦女的社會地位是丈夫的附屬品。也可能是因為史籍注重記載貞節烈女，疏於記載「和離」的事例。

呈訴離婚是由於特定的原因夫婦之間的一方向官府呈遞訴狀要求判決離婚。唐律規定：一、男方遇到妻子出逃；二、妻毆夫、妻殺妾子；三、夫逃亡至三年以上；四、夫毆妻至折傷不癒者；五、夫典顧其妻；六、受夫的祖父母、父母毆打而不癒；七、夫逼迫其妻與人通姦或縱妻為娼。遇有以上的任何一條，夫婦之間的一方都可以向官府呈遞訴狀要求離婚。唐以後各朝的律例都繼承了這些規定。

在封建禮教的束縛下，民間盛行「嫁雞隨雞，嫁狗隨狗」的論調，世俗以再嫁為恥，以女子被休回娘家為恥，在封建社會男子允許一夫多妻，所以離婚最大的受害者是婦女。

退婚

按照傳統禮法和官方律法，男女兩家訂婚後，任何一方輕易反悔，都會遭到社會輿論的譴責，甚至要受官府的查辦。儘管如此，歷史上退婚的事件還是屢有發生，有時還引起官司。

古代退婚的基本原因主要有如下幾方面：

❖ **經濟利益的驅動**：經濟是社會生活的基礎，人們的社會地位在很大程度上決定於經濟實力。經濟的社會價值，使它成為人們追逐的中心目標之一。婚約終不是婚姻，男女雙方的關係要簡單得多，解除婚約在人們的心目中還是很容易的。當女方家可以得到更多的聘禮時，當男方家可以攀援到更好的親家時，婚約的中斷便不可避免。《北齊書．袁聿修傳》：「司徒錄事參軍盧思道，私貸庫錢四十萬，聘太原王義女為妻，而王氏已先納陸孔文禮聘為定。」這即是一例以高聘禮誘惑女方家，追逐經濟利益而毀棄前約的典型事例。這種情況在歷史長河中是數不勝數的。

❖ **政治鬥爭的壓力**：政治鬥爭風雲詭譎，變幻莫測。今日為友，明日為敵。今日是皇家的座上賓，明日是皇家的階下囚。在這種殘酷的政治漩渦中，為了生命安全和政治前途，悔婚便不足為奇了。《三國志．魏公呂布傳》載：袁術欲結交呂布為援，於是派人表示願與呂布結成兒女親家。呂布欣然同意。沛相陳擔心袁、呂兩家成婚會形成聯合形勢，對國家不利，便親往遊說呂布，離間袁、呂之間的關係。呂布以怨恨袁術早先不答應自己提出的締婚建議，聽了陳矽的挑撥，立即派人追回送親隊伍斷然拒婚。《後漢書．明德馬皇后傳》中說：當初，馬援征討五溪蠻，逝世軍中。虎賁中郎將梁松、黃門侍郎竇固等人乘機詆毀馬援，理由是馬家失勢於朝廷，權貴們多次欺侮馬家。皇后從兄馬嚴，不勝憂憤，與太夫人商議，斷絕與竇家的婚約，將馬皇后送進皇宮。始為太子妃，後為皇后。政治鬥爭的殘酷無情，帶來許多婚約的中斷。

❖ **婚姻條件發生重大變化**：古時許多人家定婚都比較早，在婚與結婚之間要相隔很長時間，中間因各種因素，雙方家庭或子女本人的情況都有可能發生大變化。這也是導致某一方提出退婚的原因。《南史．范雲傳》：「江佑求雲女婚姻，酒酣，巾箱中取剪刀與雲曰：『目以為聘。雲笑受之。至佑貴，雲又因酒酣。曰：『昔與將軍俱為黃鵠，今將軍化為鳳凰，荊布之室，理隔華盛。』因出剪刀還之；佑亦更婚他族。」江佑與范雲早年為兒女定下婚約，後江佑成為權貴，雲便主動提出解除婚約，江佑也未表示異議。

男女兩家雖定有婚約，後來如果有一家富貴，或一家貧窮，婚約再要維持便是一件難事了。特別是男方家境衰落，女方家絕大多數要悔婚。《元典章》載：「今百姓之家，始於結親，家道豐足，兩相敦睦，在後不幸男方家生業凌替，原議錢財不能辦足，女方家不放婚娶，遂生僥倖，違負原約，轉行別嫁。……近年以來，民間婚姻詞訟繁多，蓋緣僥倖之徒，不守節義，妄生嫌疑，棄惡夫家，故違原約，以致若此，實傷風化。」

生活中退婚的原因是很複雜的，這裡只是概而論之。定婚是雙方的事，但輪到退婚，大多是由某一方主動提出，另一方也只能同意。退婚的矛盾主要集中在雙方的經濟往來上，關鍵是男方的聘禮怎麼處理。經過長時間的實踐，逐漸形成一條不成文的規定，如是女方家提出退婚，必須退回聘禮。如是男方家提出退婚，則聘禮一般不退，作為某種補償留給女方家。在這一點上，退婚的條件倒有些偏向女方。

有時男方家本想悔婚，但又捨不得聘財，便想方設法做出一些不講情理之事，逼迫女方家提出遲婚，以便收回聘財。《明史．趙用賢傳》載：趙用賢有女許配御史吳之彥之子。趙用賢後得罪宰相張居正，被杖除名。吳之彥害怕受牽連，便一心巴結張居正，官升福建巡撫。上任時路過趙用賢家鄉，不以親家禮見趙用賢，而且口口聲聲把未來的兒媳婦稱作「婢子」，用以刺激趙用賢，趙家怒而遲婚，送回聘禮。

無論是古時還是現代，悔婚在人們的心目中總有些不太光彩，但從雙方理應選擇更合適的配偶而言，這也是很正常的。

轉房婚

轉房婚，又稱為「收繼婚」、「升房婚」、「轉親婚」、「叔嫂婚」等。一般而言，轉房婚是指父親死後某一特定的兒子收娶其後母，或者兄長死後弟弟收娶其嫂，或者弟弟死後兄長收娶其弟媳。

民族學家們認為在原始社會，各個部落之間征戰頻繁，從而自然而然地將搶掠來的婦女當作自己的財產。而一旦這些男子死去，為他們所擁有的「婦女」也自然而然地被

轉房婚

以財產的形式，轉讓給本部落中的其他男子。隨著交換婚的產生，這種轉讓範圍也逐漸縮小。當家庭和私有制出現以後，家族制度形成，轉讓也就逐漸固定在一定的範圍之內，即透過掠奪或者交換得來的婦女在其丈夫死後，一般都得轉讓給與死者具有近親血緣關係的人。而隨著私有制的發展，當買賣婚逐漸產生和流行以後，轉房婚又和氏族或家族內部的財產繼承直接連繫起來。既然妻子是由丈夫的家庭出錢買來的，那麼，她自然成為丈夫家庭財產的一部分，也理所當然地不能外嫁，而只能由家族或家庭內部的成員來繼承這件財產。

從古籍記載來看，中國古代就存在著轉房婚的形式。雖然「三皇五帝」只是傳說中的時代，但透過某些後人的「想像」，卻正好反映出「想像者」當時的某些婚姻狀況。

據載，舜和他的弟弟的故事就反映出轉房婚的某些徵象。舜還沒有發達的時候，在家裡幫助父親務農為業。即便舜娶了堯的女兒娥皇與女英，舜的父親也不喜歡他，只喜歡他的弟弟象。老爹和弟弟象想謀害舜，再三下手，但因天佑善人，總未如願。其中，有一次，象將舜騙進井中，然後就和老爹落井下石，用土將井都填滿了。兩人都以為舜必死無疑。象就公開說道：「舜娶的可是堯的兩個女兒呀，這下可就歸我們所有嘍！」準備將兩個嫂嫂占為己有。

轉房婚曾經在漢族和周邊少數民族中廣泛流行。但就漢族而言，最遲到宋朝時代，朝廷已命令禁絕轉房婚，違者會受到比較嚴厲的懲罰，這當然與同時興起的理學思潮不無關係。簡短地說，在宋朝理學家看來，轉房婚最不能容忍之處在於其大大違反了理學的三綱五常原則。從血緣關係上而言，至少也是一種「亂倫」行為。正像程頤和朱熹對唐朝統治者的指責那樣，程頤明確地指斥唐朝皇帝老子們經常是「其妻則娶之不正」，也就是說，他們的老婆都來得不明不白！即使已經到了南宋，朱熹還是抓住這一點不放，說唐朝的上層人物們居然對「閨門失禮之事不以為異」，也就是說，「他們居然對亂倫之事一點都不感到臉紅！」這當然指的是唐玄宗李隆基奪了他的兒媳婦楊玉環等類似的事情。所以朱熹才鄙夷地說，唐人之所以如此，是因為他們本來就不是正宗的漢人，而本來就是夷狄之人啊。所以，朝廷和理學家們都不遺餘力地要戒除這種婚姻習俗。出於政治統治和理學的考慮，官方和正統哲學都極力提倡倫常原則，比如，要像對待母親那樣對待守寡的嫂嫂。

明州的徐氏三兄弟同居共財，以賣水、舂米為生計。哥哥死後，兩個弟弟在家中侍奉嫂子就像對母親一般，遠近之人沒有不誇獎他們的。民間流傳的許多故事也顯示了明清時期以後的這種社會潮流。著名的清官形象包拯就是民間百姓心中的楷模，他從小被嫂子撫養成人，因此對嫂子如同對母親那樣恭敬。但同時，這類人物又具有另一種品格，即大義滅親。戲曲中的包拯正是因為這一點而備受民眾的敬仰。包拯遵照法律將自己的姪子鍘死，而自己充當供養失去兒子的嫂子的「兒子」。包公受尊崇的重要原因即在於他能夠嚴格按照家庭禮法來對待嫂子，同時又維護了國家的法律。

進入明清以後，一方面是國家透過行政手段禁止民間實行轉房婚，另一方面則是理學家對三綱五常、三從四德等正統儒家觀念的提倡。官方與儒學同時也以為貞潔烈女樹碑立傳等方法，來向民間社會進行思想觀念方面的滲透，強調透過人的內心修養來強化道德的調節功能。婦女守寡，從一而終，終於在明朝形成了社會風氣。轉房婚也終於在漢族地區失去了立足的根基。

入贅婚

在私有制社會裡的婦女被當成私有財產形成了買賣婚姻，許多貧窮之家的男子缺乏經濟基礎，拿不出財物聘禮娶妻成家，便入贅到女方家，成為妻子家的家庭成員之一。這樣就出現了男嫁女娶的招贅婚。

「入贅婚」其實是後起的稱呼。在某些實行母系婚制的社會中，漢族人所謂的「入贅婚」是正常的婚姻形式。但在漢族人看來，「入贅婚」當然是一種例外的婚姻形式。在漢族古籍中，有不少先秦時期的入贅婚記載。

在宋朝時期入贅婚的當事人都各有其稱呼。如再婚寡婦稱呼其後娶之夫為「接腳夫」或「招夫」，婦女在丈夫死後「欲納一人為夫，俚語謂之『接腳』」。《漢書．外戚傳》記載漢昭帝的大姐鄂邑蓋長公主傷夫後，私幸丁外人，後來搶女婿漢昭帝為了姐姐「不絕主歡」，下詔讓丁外人侍奉公主。這就是一例寡婦招夫的例子。

此後，「接腳夫」一詞便屢屢見於宋朝法律表述之中。寡婦「娶」後夫仍然是為了承繼前夫的門戶，因此她和後夫所生的兒女，仍然要姓前夫的姓。入贅之夫在女方家中的地位須視情況而定，不過，男子自願上門為贅婿者，和將女子娶進家門的男子，自然會大不相同，「男子為婦家撐門戶，不憚勞苦，無復怨悔。」但在社會上則受到他人的極大鄙視，這一點則毋庸置疑。何況有時候入贅之夫還會受到來自妻家其他人的鄙視和排斥，且可能會因為財產繼承等問題而使矛盾進一步加劇。

南宋洪邁的筆記小說《夷堅志》中記載了這樣一件事情：南宋淳熙年間，饒州有位叫隗伯的男子，到王小三家中做入舍女婿。由於隗伯成天「痴守坐食」，因而王家不能容忍，就時常將他趕出門外，不讓他和妻子相見。

到元朝時候，入贅婚被分成四種類型：一是養老型，入贅女婿一輩子生活在妻子家中；二是年限型，雙方在嫁娶之時就約定好一定年限，待到生下兒子後，兒子要追隨母家的姓氏，此後生下的兒子才歸丈夫家所有；三是「出舍，謂與妻析居者」，這種情況較為特殊，丈夫與妻子成家後，可以從妻族中分離出來，獨立居家過日；四是「歸宗者」，雙方約定的年限已經到期，或者妻子去世，男子回到自己的家族中去。同時，政府也明確規定民間招贅時要明立婚書，由主婚人保養、媒妁等人畫押簽字，「依理成親」。同時，對養老女婿、出舍女婿也要規定「明立媒妁婚書」。下面是一個招贅婚啟書的樣式：

張與巢求贅親啟
交情至舊，真如鮑叔相知；姆事從叔，欲效秦人出贅。茲蓋天作之合，亦云時措之宜；欲以幣交，未蒙金諾。先此行成於月老，便須請吉於星翁。所恃久要，勿嫌欲速，就爾居，就爾宿，劉郎暫入無名。從如雨，從如雲，看韓揆終歸厥里。獻芹可愧，鑑茹為榮。

實際上，在漢族社會這樣一個儒家觀念盛行和夫權占據主導地位的社會中，沒有人真正願意入贅到女方家中，做一個受人瞧不起的「倒插門」女婿。女方或者是沒有兒子可以養老，或者是不願意將女兒嫁出去，因此，在某種程度上，「倒插門」女婿實際上扮演了為女方家族生養子息和變相的勞動力的角色。

典妻婚

典妻婚，又稱為「掛帳」、「幫腿」、「帖夫」、「租妻」、「典承婚」等名目，指男子付出一定的錢財，租用別人的妻子作為臨時妻子的一種婚姻形式，其主要目的在於為自己生下子嗣以承續本門香火。

典妻婚

根據古籍的記載，典妻婚這種婚姻形式最遲在宋朝時候就已經出現了。如洪邁《夷堅志》中就記載說：「典質妻子，衣不蔽體，每日乞求得百錢，僅能菜粥度日。」元朝時，典妻婚已經在南北方地區廣為流行。

典妻婚有一套相應的規矩。典妻雙方當事人，主要是被典之妻的原夫和典主，必須訂立「典婚書」。這種契約性質的「典婚書」必須雙方簽字畫押為生效，一式兩份，原夫和典夫各自一份。典書的內容包括：出典妻子的原因、出典期限、典價、子女撫養及歸屬等。典妻同樣需要有媒人作證。媒人的姓名也必須簽在典婚書上面，以備日後查詢。典妻所生的子女跟從典夫之姓，也歸典夫家所有，典子擁有典夫的財產繼承權，且亦可列入典夫的家譜。典妻的婚禮多在夜間舉行。婚禮時亦擺宴席請客，洞司馬遷像房禮俗也如其他形式的婚禮，但並不張掛綵煙。

在夫妻關係和母子關係方面，典妻婚與其他類型的婚姻形式相比較表現出截然不同的特徵，這是一種臨時性的婚姻形式。典妻和前夫保持著特殊的夫妻關係。妻子被典出之時，必須首先在契約上面明確寫明典妻與典夫的這種臨時婚姻關係的起止年限，並規定在典妻期間禁止前夫和典妻發生性關係，這是為了保證典妻所生之子是典主的骨血。典妻一般都要住在典主家中，不過，也有這種情況，即典妻仍然可以住在原夫家中，但典主每個月到典妻家中同居若干天，同居時原夫要迴避，直至女方懷孕為止。在妻子被典之時，原夫妻生活暫時中斷，但夫妻感情卻並未因此泯滅。至於所生下的兒子，其原則是「留子不留娘」。典妻的直接功利目的就是為了傳宗接代，因為典主一般都是因為原來的妻子不能生育，所以才找別人的妻子作為生育的工具。典妻和所生的子女雖然有著血緣關係，但所生的孩子卻只能以典主的元配為「娘」。在浙江某些地區，所生的兒子對其生母稱呼「嬸嬸」，作為典主的兒子，他可以列入該家族的家譜。所以，在某些地區，典妻婚又被稱為「租肚皮」。以人為物，論價典租。典妻是將婦女作為一種商品意義上的物件來論的，即是等於將一件物品租借給對方使用一段時間，而典出之人收取一定的「租金」。既然是出租的物品，雙方自然就要根據這件「物品」的品質來論價，也即婦女的年齡、容貌、生育能力以及時間長短等，按質論價。

因為典妻婚與正統儒家思想體系相衝突，主要表現在，儒家思想提倡的是「從一而終」、「一女不事二夫」的禮教觀念，典妻婚顯然是對這種思想的公然冒犯。同時，典妻婚也可能成為社會秩序的不安定因素，從而成為歷代官方下令嚴禁的一種婚姻習俗。

不過，雖然政府做出了許多禁止典妻婚的規定，但因為貧困的經濟狀況，典妻婚仍然在民間流行不止。直到近代社會，典妻仍然在江浙等地流行，在傳統的中國這樣一個社會中，平民百姓亦將自己的名聲看得很重，將自己的老婆出典給別人，自己當然也會因此抬不起頭來，但生活的巨大壓力迫使他們不得不走這條路。司馬遷曾經深有感觸地說：「倉廩實然後知禮節」，又說「千金之子，不棄於市」。司馬遷的本意並不在於指責藝藝小民根本不知禮義廉恥，他只是指出了一個簡單的道理：所謂的「禮義廉恥」是有條件的，在泰山壓頂般的生活壓力之下，小民們沒有資本來講求這些真正的「身外之物」，而這並不是「小民們」的罪過。

冥婚

冥婚起源很早，至少在先秦時期就已經流傳開來。冥婚又被稱為「陰婚」、「冥配」、「配骨」、「幽婚」、「迎茅娘」、「圓墳」、「守望門寡」、「鬼婚」、「冥契」等等。

關於冥婚，並不像一般人想像的那樣恐怖，以為這是一種不可思議的「不開化」舉動。古代作家就曾經以優美的筆調描寫過人鬼之間的類似「冥婚」形式的愛情故事。

據載南朝時，南徐有一個年輕人，經過華山腳下到雲陽去，在華山附近的客店住宿時，他遇到一位美麗的少女，而且一見面就愛上了她，但始終沒有找到機會與她說話。回家以後，他害上了相思病，當他的母親詢問得病的原由時，兒子就訴說了他的經歷。他的母親就找到了這位少女，把情況告訴她。少女為年輕人的愛情打動，就請他的母親帶回一件定情的信物給他。孰料沒過幾天，年輕人突然死去。臨死前，他告訴母親說，把我埋葬的時候，出殯的隊伍要從華山經過。母親知道他的心情，當然答應了他。當喪車經過那少女的門前時，拉車的牛卻一步也不肯走動了。少女見狀，對年輕人的家人說，請等一等。便走進屋子裡面去梳妝打扮，然後走出門來，唱了一首淒婉動人的詩歌。突然，棺蓋自動打開了，少女就跳了進去，而棺蓋也立刻自動關上，再也無法打開。於是，人們將這對生時沒能成為夫妻，死後也要在一處的戀人合葬在一處，他們埋葬的地方被稱為「神女塚」。

冥婚包括三種類型，即「神人冥婚」、「人鬼冥婚」和「鬼鬼冥婚」。

第一種冥婚形式是人神之間實行的冥婚，即是指生人和神靈偶像之間的婚姻方式，人可為男性，亦可為女性，神當然亦可為男性或女性。

據載，五代時，今天的四川地方有一位姓曹的孝廉，他曾經考中過第十九名。有一天，他來到彭州導江縣灌口附近遊玩，前去拜望地方神李冰的廟宇，廟中的主神當然是著名的治水神李冰，但在廟中作為配神的，還有三尊少女像，神態端莊、容貌秀麗。曹孝廉目不轉睛地看著這三位少女像，指著第三位少女像祝願道：「如果將來我能夠和這位小娘子結成夫妻，我會終身不娶。」於是就在廟中占卜，兩個卜子果然相交而立。過了很久，廟中的巫師傳達李冰相公的話說：「請你留下一件你身上的衣裳，作為婚姻的憑證。」曹孝廉解下身上的汗衫，留在第三位女神的座位上。巫師又取過女神身上的紅披衫送給曹孝廉，說：「請您好好地保存這件衣衫，二十年以後就會成就這件婚姻。」曹孝廉深信不疑，從此就不再言婚事，即使是遇見國色天香的女子，也如視糞土，毫不動心。到了二十年以後，曹孝廉恍惚覺得與神靈約定的日期已經到了，就潔身沐浴，穿上整潔的衣冠，等候神靈的到來。到了這一天，冥間的車馬如雲而來，塞滿了曹家的門前空地，吸引得鄰近的街坊鄰居都來觀看。一到了二更時分，人們看見曹孝廉登上神靈派來的車子，然後就向遠方消失了。等到天亮時，家人們發現曹孝廉已經死去多時了。人們推測說，曹孝廉肯定是和那位神女成親了。

第二種冥婚方式是人和人之間的結婚，即兩位死者之間，其中又可以分成兩種，即男女未婚者之間和男女已婚者之間的冥婚。《太平廣記》中記載的一個故事就反映了這種冥婚方式，這個故事的大致情節如下：

江蘇長州縣有一個姓陸的縣丞，家道貧窮。到了三月三這一天，家人都要到虎丘寺去遊玩。他的女兒已經十六歲了，但因為沒有合適的衣服，不能和家人一同前往，只好和一個婢女守在家中。父母走了以後，女兒自己慨嘆了一陣，竟然投到井中自殺了。父母雖然悲痛萬分，但女兒既死，也毫無辦法。過了一年多，有一個姓陸的人前來看望他的姑母，從死者的葬地經過，有一個婢女跟隨在他的身後，說：「我們姑娘想見您。」陸某很奇怪，跟著婢女到了她的家中。家門很是矮小，一個女子身著豔裝，容貌秀麗，相見完畢，女子詢問他道：「您是長洲人吧？我是縣丞的女兒，已經不是人身，現在是以鬼的身分和您說話。但請您不要害怕。我想請您幫我傳個話給我的家人，如今臨頓李十八前來向我求婚。但我不好自己作決斷。麻煩您把這件事轉告我的父親，如果他答應這件婚事的話，就請傳個話到這裡。」過了不多久，本州的坊正從這裡經過，看見殯宮中露出一塊衣角來，感到很奇怪，就走近來看，發現裡面有一個人，便趕緊報告給縣丞。縣丞前來打開墳墓，取出其人。過了幾天，他才能開口說話。縣丞問他怎麼到了墳墓裡面？姓陸的就將那位女子的話轉告給他。縣丞嘆息不已，命人外出打探是否真的有李十八這麼個人，果然有此人。但李十八卻無病無災，也不相信這件事。但僅僅過了幾天，李十八就一病不起，很快就死了。全家人悵嘆不已，就為李十八和那位姑娘舉行了冥婚儀式。

至於男女已婚者的冥婚，也有相關的故事傳說。

清朝時，洞庭湖有一個姓蔣的漁人，他的妻子不幸去世，留下一個兒子，剛剛四五歲，沒有人照料。恰好一條漁船上的一位姓吳的新寡婦人，她的丈夫也剛剛去世，留下一個四五歲的女兒。一個媒人就為雙方說媒，很快就辦妥了，吳氏就再嫁給蔣氏。不料成婚不到一個月，姓蔣的漁人就生起病來，而且很厲害。一天，蔣姓漁人在病中忽然看見吳氏前夫的鬼魂前來追索自己的命，這個鬼魂還號啕大哭，一把鼻涕一把淚地嚷嚷道：「我和你前世無怨，後世無仇，你為什麼要侵占我的老婆？侵占我的老婆還不算，為什麼又侵占我的女兒？我怎麼能饒得了你呀？」原來姓蔣的漁人娶了吳氏以後，又說好等兩個孩子長大以後，就給他們辦婚事，所以鬼魂才覺得吃了大虧。老婆給人搶走不算，連女兒都給人家當兒媳婦了。姓蔣的漁人感到很恐懼，但忽然想出一個辦法來，就跟鬼魂商量：「我原來的老婆某氏，和您老婆年齡相差不大，我把她送給您，怎麼樣？」鬼魂一聽，先是張口結舌，一時說不出話來，接著就喜上眉梢，蹦蹦跳跳地跑走了。姓蔣的漁人，就寫了一張婚書，連同一些紙錢一同焚化了。沒過幾天，他就痊癒了，並且從此什麼意外事情也沒有再發生過。

冥婚的第三種形式是人和鬼之間的婚姻關係。這種冥婚形式可以以臺灣抗日志士丘逢甲為例。丘逢甲小時候曾經與臺灣望族林獻堂的妹妹訂婚，但不幸的是，林小姐還沒有過門就病逝了。當時，丘逢甲正好要到大陸赴京趕考，便隨同父親搭船渡海前往大陸。船隻經過臺灣海峽時，忽然間風浪大作，船隻在浪中搖擺不定。丘逢甲忽然看見一個少女站在水面上，兩眼淚汪汪地看著他。丘逢甲大驚，趕緊告訴了父親。他的父親認為她就是林家小姐，於是出艙對著大海說：「假如妳死後心情不能平靜，沒有安身之地，害怕沒有後代祭祀妳，那妳就保佑逢甲考上進士，等到功成名就之時，馬上回臺灣迎娶妳為丘家的媳婦。」果然風浪平靜了下來，船隻平安地到達了廣東。丘逢甲進京趕考，果然中了進士。返回臺灣以後，丘逢甲不毀前言，如約迎娶林家小姐的牌位，以冥婚方式娶她為妻。

童養婚

在某些地區，「童養媳」又稱為「待年媳」，這是一種具有領養關係，帶有極大的剝削性質和強制性質的婚姻形式。通常是一家生有子嗣以後，將別家的幼女抱回自家來作為養女。等到合適的結婚年齡之後，再讓她和自己的兒子結婚，於是養女就轉化成為兒媳婦。也有的是暫時沒有兒子，但先抱養一個養女，等到自己有了子嗣以後再將養女轉化成童養媳。明清時期，以童養媳方式娶兒媳婦的習俗已經遍及全國各地。小夫小妻雙雙來拜堂童養媳這種婚姻的產生，歸根結底還要歸結到經濟原因上面去。正常婚姻所必需的大量彩禮和嫁妝通常使貧困人家無力負擔，而這些生活在社會最底層的人們，往往還有不止一個兒女，他們不得不另外尋求解決這些矛盾的出路，童養媳形式遂應運而生。儘管男方家庭撫養童養媳也需要供她的衣食住行，但總天生佳偶體而言，這種日常生活中的花費並不成其為很大的問題。但對貧困的家庭來講，要在短短一年內或幾個月內一下子拿出一大筆錢來娶一個兒媳婦，卻要難得多。童養婚實際上是一種「化整為零」的辦法，將正式迎娶所花費的錢財分散在十幾年內花費在童養媳身上。一般情況下，這種不備六禮的婚姻形式，比起明媒正娶的婚儀當然要簡單得多了。男方家庭迎娶童養媳，一般不出定親禮，而女方也不用陪送嫁妝。結婚時，也不需要大宴賓客，其彩禮也比明媒正娶的婚姻要節省許多。

因為童養婚具有的招養性質，這種幾乎不需要聘禮的婚姻形式具有明顯的補償性質。男方在結婚時之所以聘禮微薄，是因為他們已經用十幾年來的生活費用進行了一種變相抵償。換句話說，男方家中認為他們已經將彩禮花在童養媳在男方家庭中的多年生活費用上面了。作為女方家庭而言，之所以不出什麼嫁妝，也是出於相似的理由。因為他們的女兒在男方家庭中生活了十幾年，等於為對方提供了廉價的勞動力，童養媳用自己的勞動換取了這筆嫁妝，此外，也補償了在男方家庭中的生活費用。

唯其如此，童養媳在男方家中的生活地位一般都比較低下，並且承擔著繁重的家務勞動。民間社會中大量流傳的關於童養媳的歌謠就表明了這一點。民間普遍流傳的「小女婿」主題的民歌就屬於典型的童養媳歌謠：「十八歲大姐九歲郎，晚上睡覺抱上床。不是公婆還雙在，你做兒來我做娘。」還有一首同樣的歌謠更是反映出這種「夫妻」間的荒唐情形：「十八歲大姐週歲郎，高矮個子一般長。白天餵吃又餵喝，晚上幫他脫衣裳。來尿糊屎我伺候，說是老婆像他娘！」

更有甚者，有的童養媳不堪婆家的折磨，最後悲慘地死去。清代的某些記載就反映出這點。《清詩鐸》中記載，浙江仁和的一個小女孩，她在十三歲時就到一個種菜園子的人家做童養媳，每天都要做飯、餵豬、到菜園子澆水、鋤地，最後因身體勞累過度，得病死去。

指腹為婚

在中國歷史上普遍實行早婚，女子十四歲婚嫁。未成年的男女締結童婚已屬於婚姻陋俗，但是，還有比這更為嚴重的陋俗便是指腹為婚。因為孩子在母腹中懷胎孕育，尚未出生，所以又稱之為胎婚。

指腹為婚的風俗形成有以下三種原因，第一是兩姓世代相好或朋友之間講求信義，便以未出生的孩子婚姻作籌碼；第二種是門閥士族追求風流雅興，心中一樂，興之所至便隨意指腹為締結兩姓之好，以在母胎中的孩子婚姻做風雅遊戲；第三種原因是民間有些家庭無子，為了盼望生個兒子，便「掐朵花兒待兒生」，俗稱盼郎婚。

第一種情況像《漢書．賈復傳》記載：賈復在鎮壓河北農民起義時，作戰中被起義軍擊傷，傷勢很嚴重，性命危在旦夕。漢光武帝聞訊大吃一驚，因為賈復是他的愛將，為了使賈復安心後事，聽說其妻已經懷孕，便答應說，如果生女，就嫁給我兒子做兒媳；如果生男，我就把女兒嫁給他，認做女婿，「令其憂妻子也」。

到了南北朝時，士族放蕩不羈，為了風雅興趣，更是把指腹為婚視作兒戲。《梁書．韋放傳》記載：南朝梁代韋放和張率是好朋友，兩個人的側室妾都已懷孕，他們便相約指腹為婚。後來張率在子女年幼時便死去，而韋放仍不忘朋友舊情，贍養其遺孀子女，時時供給錢物。後來韋放當了徐州刺史，許多名門閨秀公子求婚，韋放表示「吾不失信故友」，讓兒子娶了張率的女兒，又把女兒嫁給張率的兒子。韋放雖然是重視朋友舊交和婚約，但卻是把朋友間的友誼變成了對兒女婚事的包辦，以表示他一諾千金，不失信於人。

在南朝是這樣，而北朝也有此風氣。北魏崔浩是當時的名門大姓，他將兩個女兒分別嫁給了名門王慧龍和盧遐。當這兩個女兒都懷孕時，崔浩對兩個女兒說：「汝等將來所生，皆我之自出，可指腹為親。」後來王慧龍之妻崔氏生下王寶興，就娶盧遐與姨母所生的盧氏女兒為妻。而且在結婚時崔浩親自撰婚儀，為外孫及外孫女主持婚事，對恭賀的來賓說：「此家禮事，宜盡其美！」（《北史．王慧龍傳》）像這種指腹為婚，完全是為了維護其高門貴姓的貴族血統。

唐宋以後，指腹為婚的風氣在文人士大夫及民間一直盛行不衰。宋代司馬光就當時盛行的指腹為婚及襁褓中童稚訂婚的風氣，指出其嚴重流弊：「及其所長，或不肖無賴，或有惡疾，或家貧凍餒，或喪服相仍，或從宦遠方，遂致棄信負約。速獄致訟者多矣！」司馬光反對指腹婚和早婚，主要是從封建倫理出發，而不是從婚姻當事人的愛情出發。但就司馬光所指出的問題而言，仍有一定的道理。到了元代以後，法律上對指腹為婚的陋俗加以禁止。但是，對於一種民間流傳已久的風俗來說，很難一下子就更正過來，實際上是禁而不止。不僅民間依然遺風侵淫，就是皇帝與官僚大臣也有法不依，照樣搞指腹為婚的「風雅」活動。

解縉與胡廣兩家妻子懷孕，明成祖知道後，欽令兩家指腹為婚。所幸解縉生一子，而胡廣生一女。皇帝給親自訂聘。後來解縉因獲罪死於獄中，解縉之子被戍邊。胡廣想毀婚約，胡廣之女斷髮自誓說：「薄命主婚，皇上所定也，誰敢易之？」所幸解縉之子獲赦還鄉，遂結為夫婦，後世傳為「待夫完配」的佳話。

但「指腹為婚」釀成的悲劇則更多。據載清代著名大詩人袁枚的妹妹袁素文自幼生於書香門第，飽讀詩書，很有才學。然而她自幼「指腹為婚」，許給了高家。高氏之子長大後卻是一個流氓惡棍。高家為素文著想，幾次想退約，而袁素文卻死守「從一而終」的貞節觀念而執意不肯。嫁到高家後受到丈夫百般虐待，她一直逆來順受，直到後來丈夫賭輸要賣她抵債時，才不得已回到娘家，不到四十歲便抑鬱而死。袁枚在

〈祭妹文〉中說：「使汝不識詩書，或未必堅貞若是。」他在詩中寫道：「少守三從太認真，讀書誤盡一生春！」指腹為婚造成的悲劇很多，由於種種歷史原因見於記載的比較少。總之，明清以後直至近現代，民間指腹為婚、割襟為約、襁褓童婚的風氣一直長盛不衰。

搶婚

搶劫婚產生於原始時代，是指某一氏族部落的男子或女子，用搶掠的方式，從另一部落得到女子或男子，來做自己的配偶。但由於種種原因，搶劫婚伴隨著人類進入文明社會，形成多種變異形式，至今仍有遺留。

搶劫婚按照被搶對象，可分為劫夫和劫妻兩種類型：劫夫型。即女子搶劫男子成婚。這種類型的習俗源於對偶婚的妻方居住階段。對偶婚是早期實行母權制，女子不出嫁，男子不聘娶。婚姻形式是走訪婚，夜間男子到女子家過夜，第二天清晨返回自己的家族。發生婚姻關係的男女雙方，屬於不同的氏族，經濟上沒有任何來往。如某一方不願進行交往，婚姻關係隨時可以解除。隨著經濟的發展，母系氏族進入繁榮階段，婦女開始要求暫時的或長久的只同一個男子締結婚姻，走訪婚演變成從妻居，在這一歷史背景下，便出現了婦女搶劫男子成婚的風俗，究其原因，大概是因為當時的男子，還不願離開自己的家族到妻子家長期居住。根據現存的民族學材料，在人類發展史上，劫夫型搶劫婚同劫妻型搶劫婚相比，形成機率比較少，流行族群不是很普遍。經過人類學家的實地調查，非洲地區的一些原始部落，在二十世紀初，還存在著劫夫型搶劫婚。在中國，劫夫型搶劫婚僅存於保留從妻居習俗的布朗族中，被稱為「偷女婿」。

劫妻型，即男子搶奪女子成婚。對劫妻型搶劫婚的源起時代，是在群婚向對偶婚的轉變期。在蒙昧時代末期到野蠻時代初期，群婚開始向對偶婚轉變。這時的婚姻制度是氏族外群婚。因為是群婚，男女比例是多少都無所謂。隨著婚姻級別的提高，對偶婚逐漸取代群婚。對偶婚這種婚姻形式，需要女子長時間內單獨委身於一個男子，不能與其他男人發生性關係。這樣一來，女子少於男子的矛盾便突現出來。男人為了得到女人，滿足自己的慾望，不得不到別的部落去搶劫妻子。搶劫婚就這樣出現了。

文明時代的搶劫婚有原生型和變異型的差別。原生型搶劫婚事先不徵求對方意見，看準目標後即使用暴力手段，強制對方與自己成婚。有時根本沒有固定目標，碰上誰就算誰。這種形態多見於仍處在原始社會或剛踏入階級社會的民族中。

變異型已失去原生的意義，摻入階級的、經濟的和宗教的因素，內容和形式都發生了實質性變異。變異型有以下幾種：

❖ **男女雙方商定搶婚**：青年男女相戀，遭到父母反對；或男方家庭貧困，無力支付聘金；或女方父母悔約，將女兒另許他人。面對這種情況，男女雙方共同密商，約定好時間和地點，讓男方去搶婚。女方父母若發現女兒被搶，自然會奮力阻攔，但為時已晚，日後只好默認，當然，也有至死不認親生女兒的。

❖ **搶婚是娶親的一種儀式**：社會進步使搶劫婚失去了存在的基礎，但它作為一種文化演變成別具風格的娶親儀式。有的民族締結婚姻，各種程序都和漢族差不多，可在迎娶這個環節上，仍採用搶婚方式。但男方的搶劫和女方的呼救都是假裝的，只是一件娛樂方式。

❖ **搶劫婚的某種遺跡**：搶劫婚的最大變異是只留下某種象徵性遺跡。有些學者認為，婚禮在黃昏時舉行與搶劫婚有關。因為要想劫掠女子，必須趁女方家不備，以昏時最為方便。現在某些地區流行的夜婚，便是掠奪婚的一種殘餘風俗。夜間舉行婚禮的習俗，不同程度地保留在中國的許多少數民族中，其中以滿族最為典型。滿族從古代到近現代，從宮廷到民間，都奉行夜婚制度。末代皇帝溥儀的完婚大典是在夜間舉行的，皇后婉容的風輿在凌晨三時被迎到皇宮。

搶婚習俗在中國古代相當普遍地流行於各民族。現代文明的建立，從根本上消除了搶婚習俗賴以存在的社會基礎。

父母之命

傳統的婚姻，無論是男是女，他們都不能自由選擇自己的意中人，而必須聽從父母的決定。即使男女雙方真誠相愛，如有一方父母反對，他們也不能完美地結合在一起，這就是所謂的父母之命不可違。

原始社會之初，男女之間的婚配是自由選擇、自主決定的。在神話傳說中，虞舜娶娥皇、女英為妻，事前並沒有徵求父母的意見。進入文明社會以後，父母的權力在兒女婚姻支配中逐漸增強。中國傳統道德十分講究孝道，推崇父權。古人曾說：父母者，人之根本也。子女為父母所生，父母所養，他們既是獨立的人，又是父母的私有財產，父道和母道是至高無上的。

第二章　婚姻風俗

父母之命不可違兒女婚事由父母作主周朝初年男女婚姻的決定權開始傾向父母。《詩經．齊風．南山》：「娶妻如之何，必告父母。」當然，「必告」只是一定要告訴，還不同於父母之命不可違。這裡還保留著某種程度的自主權。到了春秋時代，父母對兒女的婚姻已有完全的決定權。《春秋》中所記載的眾多兒女婚姻，全部是由父母做主。公冶長是孔子的弟子，孔子對公冶長很器重，公冶長被人誣陷關進監獄，孔子為了表示對公冶長的支持，當即決定將女兒嫁給他。孔子對女兒的婚事，事前對女兒連招呼都沒有打，就自己定下婚約。

其實，古代主婚「父母之命」的「父母」是廣義的，不一定必須是父母，無父母其他尊親長輩都可以主婚，比如祖父祖母、同宗叔伯、長兄及其家族族長等，都可以代「父母之命」主婚；在官僚集團中高一級長官可以為下級官吏主婚，主人可以為家中奴僕姆女主婚，老師可以為學生主婚等等。當然，這有實質上的主婚和形式或儀式上的主婚之分，但不論是實質上的主婚或形式上的主婚，有了「主婚人」就是合乎禮法。總之，婚姻當事人不可自轉，不自言娶嫁。

兒女對婚事不敢自專首倡父母之命不可違的大概是孟子。《孟子．滕文公》說：「丈夫生而願為之有室，女子生而願為之有家。父母之心，人皆有之。不待父母之命，媒妁之言，鑽穴隙相窺，逾牆相從，父母國人皆賤之。」在這時，人們普遍接受了父母之命不可違的觀念。從隋唐開始，兒女婚姻應由父母主持被寫入律法。《明律》規定：「凡嫁娶皆由祖父母、父母主婚。」

「父母之命」的包辦婚姻是以父親長輩對子女的私有權為前提的，因而「父母之命」如果從廣義理解也是「所有者」之命或支配權。父母之命包辦婚姻有著各式各樣的目的，有些婚後女子還要侍奉公婆是借兒女婚事進行政治聯姻，擴大或鞏固其政治權力，維護其所得利益；有些門閥士族是為了門當戶對，維護名門望族，保持「高貴」血統；有些指腹為婚、割襟為約，是為了一時高興的風雅之舉，也有些是為了自己與朋友的友誼和信譽。在買賣婚姻中以「父母之命」進行包辦，又純粹是為了聘財和嫁資的經濟目的。當然，也必須承認許多父母在包辦子女婚姻時，是出於對子女的愛護，但他們首先考慮的是對方的社會地位、經濟貧富、生活溫飽等現實條件，而不是以子女的愛情為出發點。

千百年來，「父母之命」的包辦婚姻導致了無數的婚姻悲劇。梁山伯與祝英臺的悲劇故事，可以說是家喻戶曉，梁祝二人正是「父母之命」的犧牲品。《情史》中還記載有「並蒂蓮」的民間傳說：「民家有男女，以私情不遂，(二人共)赴水死。三日，二屍相攜出水濱。是歲，此荷花無不併蒂者。」「並蒂蓮」的傳說正反映了民間青年男女難違「父母之命」，殉情而死的悲劇。

媒妁之言

在中國傳統婚姻中，從訂婚到結婚必須請媒人搭橋，只有透過「媒妁之言」，婚姻才能合乎禮教和道德。這堪稱中國婚姻風俗的一大特色，並從古代一直延續至今。

媒妁風俗制度最早在西周初年已經形成。《詩經．齊風．南山》說「析薪如之何，匪斧不克。娶妻如之何？匪媒不明。」就像砍柴必須用斧頭一樣，娶妻必須要有媒妁。「媒」在古代有「謀」的意思；「妁」也有「酌」的含義，「媒妁」即斟酌謀合或說合。因為婚姻要聽從「父母之命」，媒妁實際上就是奔走於男女雙方的父母之間牽線搭橋，而不是為男女婚姻當事人說合。婚姻成敗與否，關鍵在於媒人能否說動男女雙方的父母。即使男女相愛，沒有合適的良媒說合雙方的父母，照樣不能成婚。

為什麼沒有媒人說合就不能成婚呢？《戰國策．燕策》上說：「處女無媒，老且不嫁；舍媒自衒，弊而不售。」如果婚嫁沒有媒人，便落得人家恥笑，就像賣不出去的破爛貨一樣。

媒妁在古代有兩種，一種是官媒，一種是私媒。官媒也分兩種，一種是天子諸侯嫁娶，要派大臣為「使」去做媒人。另一種是職業官媒，這種官媒執掌萬民婚姻登記，類似現代的結婚登記處。春秋戰國以後，各代根據各種特殊的歷史時代環境，都設有官媒。官媒要用「斧」和「秤」作為他們的職業標誌。「斧」的含義取自《詩經》的「執斧伐柯」；「秤」的含義是取其「衡量有準」。在封建社會還有些地方官吏在斷案或處理管轄區民事糾紛時，可以臨堂做媒。有些官吏鑑於轄區內貧女婢女婚嫁困難，由官吏為媒妁，代為擇配，也是實際上的官媒。再者，中國歷代囚徒和沒官的奴婢、流放的罪犯賤民婚配擇偶，也都是官媒。

私媒的起源實質上應該比官媒更早。早在父系氏族時代，以女子為氏族財產，實行買賣婚。作為經濟交易的買賣，往往有中間人調停說合價格。當婚姻由直接的買賣交易演變為聘娶時，中間人就逐步演變成了媒妁。私媒一旦成為職業，就不僅僅是以說合婚姻為目的，還帶有謀取財物的性質。在媒妁婚制下，婚姻的滿意程度常常取決於媒人是否信任可靠，傳遞訊息是否真實準確。所以，男女雙方對媒人也常常主動賜以重利。媒人就像商品交易的經紀人一樣，為女方身價的高低、聘金多少穿梭於兩家之間，鼓如簧之舌，為兩面說好，討價還價。後世私媒多由婦女充當，所以又稱「媒婆」。

媒人在古代婚姻中既是不可缺少的禮法要素，又是一個人人厭惡的角色。媒人可惡之處在於，到男方說女方美，到女方說男方家庭條件好。後世婚嫁民歌中有大量咒罵媒人的歌謠。如「背時媒人像條狗，這頭吃了那頭走。婆家來誇女兒美，娘家來誇婿家富，哄得小狗去攆兔，哄得小貓去上樹。豌豆開花結角角，媒人吃了爛嘴角；豇豆角角尺二長，媒人吃了爛大腸。」還有首民歌唱道：「不怨爹，不怨娘，光怨媒人壞心腸！媒人肉，用鍋熬；媒人皮，當鼓敲；媒人骨頭當柴燒！」這些民歌都飽含婚姻當事人被欺騙後的辛酸淚。

古代婚姻雖然很重「媒妁之言」，但也有些「風雅」之士偏不用媒妁，決定婚姻時想出別出心裁的辦法。《開元天寶遺事》中就記載了一件「紅線牽絲」的風流佳話。郭元振是一位風度翩翩的美少年，才藝俱佳。宰相張嘉貞想納他為婿。郭元振卻提出問題說：「聽說宰相門下有五個女兒，不知哪個美哪個醜，事不可倉卒，更待試之。」張嘉貞告訴他：「我的五個女兒各有姿色，也不知誰是你的最佳配偶，而你風骨奇秀，乃是非常之人。我想讓五個女兒各牽一條絲線立在帷幔後，由你隨便選擇一條線牽出，牽出誰誰就嫁你。」郭元振欣然從命。遂牽一絲紅線，得第三女，大有姿色。後來結連理，果然夫榮妻貴。這件事被後世傳為「牽絲為媒」的婚姻佳話，故把媒人也叫「牽絲人」。此舉看似風雅，實質卻是以婚姻為兒戲，拿兒女終身大事開玩笑。所以在實際生活中並不多見。

郎才女貌

婚姻講究郎才女貌，在中國是一個很有影響的傳統觀念。如果追求這種文化意識的根源，可以上溯到人類的遠古時期。人類之初，人類在兩性方面與動物區別不大。雌性在發情期，對雄性無任何選擇，只要能與之交配就可以。雄性對雌性亦是如此。女性發情期的消失，是人類脫離動物界的象徵之一。這時的女性，對交配對象開始有了選擇。身體健壯靈活，能夠找到較多食物的男性，為大多數女性所鍾愛。生物進化使人的體毛開始減少，皮膚變得細嫩，美在人的肉體上逐漸顯現出來。男人開始追逐身體苗條、容貌秀美的女人。男女雙方對異性的選擇標準，構成了郎才女貌觀念的雛形。

對男子才的標準主要是看其官場上的能力，是否才能幹練，能否仕途得意，飛黃騰達。或者看男子是否勇猛過人，武藝如何，有時透過比武招親選婿。唐高祖李淵娶竇皇后時就是透過比武招親的。北周時竇毅有一個十分鍾愛的女兒，竇毅對其妻說「此女有奇相，何可妄嫁與人」。於是便在屏上畫兩隻孔雀，凡來求婚者以箭射孔雀，能射中孔雀眼睛者便將女兒許嫁。求婚者先後歷數十人，都未能射中。李淵來求婚時，搭弓引箭連發兩矢，中孔雀二目，竇毅便將女兒許嫁給他。後來李淵起兵滅隋當了唐代開國皇帝，立竇毅女為竇皇后。《合璧事類》還記載王鍔任辛果偏裨副將時，有一天打馬，王鍔馳騁酣暢，勇猛過人，「向天呵氣，高數丈，若匹練上衝」。辛果對其妻說：「此極貴之相」，以女妻之。後世小說中以比武招親選婿的故事很多，反映了古代人們把武藝高低視為選擇配偶的重要才能標準之一。翻開中國文學史，歷代小說傳奇中無不是才子佳人結良緣，而「才子」的「才」主要展現在詩詞歌賦和文章上。這種擇婿選才的標準與中國古代「萬般皆下品，唯有讀書高」及「學而優才子佳人瓷缸則仕」等傳統文化觀念有關，所以一直到明清乃至近現代都是如此。

勞工階層，擇偶所重之「才」主要是看其生產技能如何。或善於農耕，或長於製作，能從事木工鐵匠等技術勞動，或能經商，發家致富，或粗通文墨，能算會計帳等等，都被視為有「才」之能人。能將女兒嫁給這樣的男子，即使不能成為大富大貴之人，至少不會受凍餒之累。所以，擇偶時對才能的要求並不高。像牛郎織女的神話傳說，《天河配》、《天仙配》等戲曲能廣泛流傳，深入民心，正說明了勞動人民的普遍心態。

中國傳統婚姻擇偶觀念中，對男子重才而不重貌。反過來男子擇偶時對女子相貌要求卻高於一切。《詩經》三百篇開卷第一首詩就是描寫愛情的《關雎》：「關關雎鳩，在河之洲。窈窕淑女，君子好逑。」一位青年在河邊看到一位妙齡女郎，馬上就著了迷，當求之不得時，晚上便輾轉反側，睡不著覺。

對女性的審美標準又如何呢？古代文學作品中對此多有描述。古人認同的古典型美是，身材窈窕修長，皮膚如凝脂般柔滑潔白，五官不僅漂亮，而且神情嫵媚多姿。宋玉〈登徒子好色賦〉更為誇張地描述了一位「東鄰美女」。「天下之佳人莫如臣東家子，增之一分則太長，減之一分則太短，著粉太白，施朱太赤。眉如翠羽，肌如白雪，腰如束素。齒如含貝。嫣然一笑，惑陽城，迷下蔡。」《西京雜記》記載「卓文君姣好，眉色如望遠山，臉際常若芙蓉，肌膚柔弱如脂」。總之，古代大量描寫美人的詩文都是欣賞其皮膚光潔柔滑，身段曲線優美，再就是「娥眉」、「貝齒」、「素手」、「芙蓉面」之類的辭藻。《晉書．后妃傳》記載晉武帝想為太子選妃，有的主張選賈公之女，有的主張選衛公之女。晉武帝認為：「衛公之女有五可，賈公女有五不可。衛家種賢而多子，美而長白；賈家種妒而少子，醜而短黑。」這是以女性身材修長皮膚白為美，以身材矮短皮膚黑為醜。在唐代傳世的繪畫、敦煌壁畫以及考古出土的墓葬壁畫中，凡仕女圖、飛天等都是以體態豐滿，發育健康為美。而宋代以後又以嬌羞病態為美，其實，中國歷史上對女性的病態美欣賞由來已久。《莊子．天運》中所講的「東施效顰」寓言就很能說明問題，西施長得很美，因患心病，常蹙眉捧心，神態戚戚楚楚，而東施長得很醜，亦學西施蹙眉捧心的病態，所以被人嘲笑。後世遂以體弱多病的西施為女性美的典型。像《紅樓夢》中的美女典型林黛玉和薛寶釵雖屬兩種不同類型，但共通的一點就是都整天不離藥，一副病懨懨的神態。

古代女性的古典美大致可以歸納出幾個要點：五官要明眸皓齒，體形要削肩纖腰，肌膚要潔白如霜雪，體態要輕盈柔弱，神態須嫵媚嫻靜。在某種程度上說，以纖弱病態為美。

門當戶對

「門當戶對」在古代很長一段時間裡，曾是左右婚配的一條重要準則。婚姻的門第觀念在西周時已經出現。從先秦到唐代以前，婚姻講究血統門第觀念與階級門第觀念，但在魏晉南北朝時，特別講究的是血統門第觀念。唐代以後，門第觀念主要表現為所處家庭家族的社會政治經濟地位的階級門第觀念。

西周時期的齊僖公曾經想把女兒嫁給鄭國太子忽，鄭國再三推辭不敢接受，問其緣故，太子忽說婚姻要門當戶對，齊國大，鄭國小，固不接受。這反映了當時的婚姻的門第觀念。

魏晉南北朝時期，由於曹魏推行「九品中正制」，按門第選才任官，形成了「上品無寒門，下品無庶族」的局面，由此而對婚俗也產生了極大影響，使婚姻的門第觀念達到了極盛時期。

名門大姓為了保住其顯貴門第，不與庶族通婚，只在名門大姓中互相為婚，形成了門閥婚姻。血統與姻緣相結合形成了龐大的宗法官僚勢力。這時締結婚姻特別重視的是「血統」門第觀念。在南朝，隨東晉政權渡江的「僑姓」王、謝、袁、蕭與本地的顧、陸、朱、張等家族是著名的豪門大姓；在北朝形成以崔、盧、李、鄭為首的豪門大姓。在這些名門貴族的門閥婚姻中，一般都是名門大姓世代聯姻，像南朝王、謝兩家連續通婚聯姻十餘代，雖屬近親聯姻，卻人才輩出。北朝崔、盧、李、鄭幾個大姓也是相互為婚，為了維護其名門大姓的高貴血統，絕不與庶族寒門締結姻緣。若非名門望族出身，即使身居高位，家富百萬，也難以與名門大姓攀親。於是便形成了一種奇特的現象，就連皇族之貴，帝王之尊，也以與名門大姓攀親為榮。

《南史》記載許多公主都是下嫁王、謝、袁、張等大姓豪門的公子哥。相反，大姓中的有些人自認為血統高貴，並不把皇族女兒金枝玉葉放在眼裡。如《梁書．王峻傳》記載王峻之子王琮為國子生時，娶梁始興王的女兒為妻。由於王琮學習很笨，為其他學生所嗤笑，皇帝下令讓其離婚。梁始興王還向親家王峻抱歉地解釋說：「此自上意，僕極不願如此。」誰知王峻並不買皇族的帳，立即聲明他的祖上和外公家都是名門，「亦不借殿下姻媾為門戶」。用不著與皇族聯姻，我的門第已經夠高了。

名門大姓的士族自視血統高貴，不肯與庶族通婚，而一些沒有名望的庶族也自視甚卑，把與高門大姓攀親視為無上光榮，往往不惜多納聘金，採用各種手段與名門士族攀親。像《北史．封述傳》記載封述為兒子娶名門李氏之女，不惜錢財，及至兒媳過門，還欠大量聘禮，封逑打碎神像賭咒發誓要還清聘金之數。封逑的另一個兒子因娶名門盧氏女，送聘金騾馬已經很多，又送土地古玩。對方仍嫌不足，以至訴訟公堂。可以說為了達到娶名門士族女，不惜傾家蕩產的地步。一些出身庶族的大官僚，即使能娶到名門士族罪犯的妻女，也要引以為榮。

姻緣

古人有言：「有緣千里來相會，無緣對面不相識。」認為男女婚配是一種緣分，是命中注定的，這在中國古代的傳統觀念中有著相當深遠的影響。《紅樓夢》第五十七回：「自古道：『千里有緣一線牽。』管姻緣的有一位月下老兒，預先注定，暗中只用一根紅線，把這兩個人的腳絆住，憑你兩家那怕隔著海呢，若有姻緣的，終究有機會作成了夫婦。」上天不僅決定人的命運，而且管理著人的婚配。

古時形成的婚姻是前世姻緣和命中注定的觀念，得到大多數人的認同，這裡面有著深厚的文化積澱。古人迷信，承認在人世之外，還有一個主宰人間事務的神靈世界。人的一生命運都是上天的安排，也就是命由天定，不可改變。孔子有言：「生死有命，富貴在天。」講的就是這個意思。人的命運決定於天，婚姻也應是如此。

《世說新語》記載：太尉郗鑑派門生到丞相王導家尋求佳婿，王導讓他到東廂遍觀子弟。門生歸，對郗鑑說：「王氏子弟哪一個都不錯，聽說了選婿之事，都很矜持，只有一人，在東床坦腹而食，好似未知選婿之事。」郗鑑說：「此人正是佳婿。」一問原來是王羲之。於是郗鑑將女兒嫁給王羲之。這個故事說明了婚姻的偶然性。

《續玄怪錄》記載：弘農令之女已舉行過笄禮，準備嫁給盧生。卜吉之日，來了一個女巫。李氏之母問曰：「小女今夕嫁人。盧生常來，巫當屢見，你看他官祿厚薄？」巫者曰：「你所說的盧生，是那個長著長髯的人嗎？」回答說：「是。」女巫說：「然而盧生不是夫人的子婿也！夫人的女婿，是中等身材，面目白皙，而無鬚。」夫人驚曰：「我的女兒今晚能夠嫁人嗎？」女巫曰：「能。」夫人曰：「既是能夠嫁人，為何又說女婿不是盧郎？」女巫答：「不知其由，盧郎最終不能是夫人的子婿。」不久盧郎送來彩禮，夫人惱怒女巫，讓女巫看彩禮，女巫說：「婚事就在今天晚上，安敢妄言。」女方家人大怒，一同唾罵女巫，將其趕走。到盧郎乘著車前來，賓主禮畢，舉行迎親儀式，解佩約花，生忽然驚慌狂奔而出，乘馬逃遁。眾賓客追上勸阻，但怎麼說盧生也不回返。主人素負氣，憤怒異常，依恃女兒容貌出眾，將客人全都邀請進來，把女兒呼出拜見賓客。其女兒容貌豔麗，天下少有。主人指著女兒說：「我這女兒豈是讓人驚慌的人嗎？今日不讓她出來，別人還以為她長得像野獸那樣醜惡。」眾人沒有不憤慨嘆息的。主人說：「此女大家都已見過，賓客中願有聘她為妻的，今晚即舉行婚禮。」盧生幕賓鄭某在座，起拜曰：「願事門館。」於是奉書擇相，登車成禮。鄭某的相貌，與女巫說的大致相似。幾年後，鄭某仕於京城，與盧生相逢，問其原因，盧生說：「當我見到她時，她兩眼赤紅，大如朱盞，牙長數寸，從口兩邊橫出，這種容貌怎能不讓我驚慌奔逃。」鄭某聽完，馬上讓妻子與他相見。盧生大慚而退，於是才知道「結縭之親，命固前定，不可苟而求之也」。

無論是從歷史還是從現實來看，婚姻是前世姻緣和命中注定的說法都是沒有根據的。我們承認人類婚姻具有很強的偶然性，是不好預測的，但同時我們也認為，在現代社會裡，婚姻是可以自主的，配偶是能夠自由選擇的。

鵲橋會

牽牛、織女也是婚神，其原生形態是先民的星宿崇拜。先秦時，擬人化的織女與牽牛的傳說已廣為流傳，大約到東漢時，就形成了一個完整的愛情故事。

相傳織女是王母娘娘的外孫女，她聰明俊俏、多才多藝，在天上編織美麗的雲彩。牛郎是人間受兄嫂虐待的牧童。織女見牛郎忠厚勤勞，便下凡和他成了親。從此他們男耕女織，相親相愛，還生下一男一女兩個孩子。王母娘娘得知此事，大發雷霆，把織女捉回天庭。牛郎將兩個孩子一邊一個放在籮筐裡，挑起擔子，急忙追上天去。王母娘娘見了大怒，立刻拔下頭上簪子，在空中一劃，牛郎和織女中間馬上出現了一條波濤滾滾的大河。從此以後，夫妻兩人，只能隔河相望，相對哭泣。後來玉帝動了惻隱之心，讓他們每年七月七日夜相會一次。這一天，各地的喜鵲成群結隊飛去，用自己的身體連成一座鵲橋，讓牛郎、織女鵲橋相會。如今，夏日的夜晚，抬起頭來還能在天空中看到那條茫茫的長河，人們叫它天河或銀河，在銀河的兩邊，還能看到明朗的織女星和牛郎星。再仔細看，還能在牛郎星的兩邊看到兩顆閃閃的小星星呢，那就是牛郎挑在籮筐裡的一雙兒女。民間素有七夕乞巧的習俗，婦女們都要在自己的庭院裡放只供桌，陳上瓜果，焚香點燭，禮拜雙星，希望從織女和牛郎那裡乞得智慧和巧藝，這一天也就成了民間的乞巧節。乞巧節又稱為女兒節、少女節或情人節，而牛郎、織女也就被看成了象徵愛情忠貞、婚姻美滿的天神。過去許多地方建有織女廟，尤以蘇州太倉的織女廟最為聞名，青年男女到織女廟去膜拜，祈求甜蜜的愛情和美滿的婚姻。

很顯然，這個傳說以及由此形成的民間習俗，已經脫離了原始的星宿崇拜。人們依據男耕女織的小農經濟家庭模式，創作了牛郎織女的夫妻形象。但他們一是仙女，一是凡人，實際上代表了地位懸殊的兩個階層，而阻擋在這對戀人中間的王母，正是堅持按照「門當戶對」等傳統操縱兒女婚姻的封建家長勢力的代表。對牛郎織女的同情，不啻是對純真愛情的歌頌；而鵲橋相會的結局設計，其實就是對婚姻自主的美好嚮往。為此，學者們多認為這個傳說的思想主題是青年男女為爭取愛情與婚姻的權利，與強大的保守勢力作不懈的抗爭，因而在舊時的各種婚神崇拜中，又數牛郎、織女崇拜最富有積極意義。

拜月神

在漆黑的夜晚，皎潔的明月就像一盞宮燈，將光明灑向人間，月球上斑駁的黑影，更觸發過古人的無限遐思。古人將月球上的黑影想像成月中的一隻兔子。後來《淮南子》中更說「月中有蟾蜍」。人們還想像出了月中白兔搗藥的故事，白兔搗的是一種神藥，月亮能死而復生，就是這種神藥的作用。

和月亮相關的傳說最為著名的當推嫦娥奔月。據說嫦娥就是射日英雄后羿的妻子。有一次，后羿從西王母那兒討來了不死之藥，結果卻給嫦娥偷吃掉了。而嫦娥偷吃了不死藥後，便不由自主地飄上了萬里碧空，落到了月亮上，成了嫦娥仙子。月宮中儘管殿閣巍峨，卻十分寂寞，廣寒宮裡只有一隻玉兔、一顆桂樹和一隻蟾蜍。真是「嫦娥應悔偷靈藥，碧海青天夜夜心」，每逢中秋嫦娥都要走出廣寒宮，輕展愁眉，對人間眺望一番。那月亮上的陰影，據說就是廣寒宮和高大桂樹的影子。每到中秋之夜，月宮中的桂花開了，還常常有桂子從月亮上掉落到人間來呢。

據古書記載，中國很早就有「朝日夕月」的儀式，對月神的信仰就源於這種原始的天體崇拜。月神又叫做月光娘娘、太陰星主、月光菩薩等。圓圓的月亮象徵著人間的團圓，熱戀中的男女常在月下定情，發誓永不分離，分處兩地的夫妻常向月神祈求團圓。《西廂記》裡的崔鶯鶯也對月祈拜，祝禱能與意中人相遇。中國某些少數民族也有「跳月」、「坐月」等習俗，將婚戀大事與月亮連繫在一起。

月老

「月下老人」簡稱「月老」。俗話說「千里姻緣一線牽」，這句話就出自於月老的傳說。

唐代李復言在《續幽怪錄．定婚店》中就記錄了這樣一個月老的傳說。從前有個叫韋固的人，年少未娶。一天夜晚經過宋城時，遇到了一位倚囊而坐、正在月光下翻閱書卷的老翁。韋固感到好奇，就走上前去問老翁在讀什麼書，老翁告訴他說：「這是幽冥之書，烈女殉夫是關於天下婚約的書呀。」韋固又問老翁，囊中那一根根的紅絲線有何用處，老翁說是用來拴夫妻兩人的腳的。任憑男女兩家有深仇大恨，分處天南地北，只要將這紅絲繩一繫到雙方的腳上，最終必會結成姻緣，而且無法改變。還告訴韋固，說他將來的妻子是離這兒不遠的北面一位賣菜人陳大媽的女兒。

韋固在老人的指點下來到菜場，只見一位賣菜的婦人懷抱著一個兩歲左右的女孩，女孩長得十分難看。韋固心想，我怎能要這麼難看的一個女孩為妻呢，但他聽老翁說過，這是無法改變的事，可怎生是好？想來想去沒有其他辦法，一怒之下，就想出了個讓家奴去刺殺她的下策。家奴聽命而去，在女孩額頭刺了一刀，不及細看，就急著逃走，卻不知只刺傷了女孩眉心的皮膚。

十四年後，韋固因受父蔭，得了官職，刺史很看重他，就把自己的女兒許配給了他。刺史的女兒長得花容月貌，只是眉間常常貼著個花鈿。韋固覺得奇怪，便問她緣故，妻子告訴了他自己年幼時曾被賊人刺傷眉心的事。韋固聽罷驚訝不已，就將自己遇到月下老人，指使家奴行刺的事一一說了出來。兩人認為緣分前定。於是更加恩愛。從此，人們就將「月老」看做主管婚姻之神來加以膜拜。

過去婚姻必有媒妁，因而「月老」在民間又成了媒人的別稱，以至流傳至今。在《紅樓夢》五十七回裡，薛姨媽對寶釵、黛玉說得更玄：「我的兒，你們女孩家的哪裡知道，自古道：『千里姻緣一線牽』，管姻緣有一位月下老人，暗裡只用一根紅線把這兩個人的腳絆住，憑你倆家那怕隔著海呢，倘若有姻緣的，終究有機會做成夫婦。這一件事，都是出人意料之外。憑父母本人有意願了，或是年年在一處，以為是定了的親事，若是月下老人不用紅線拴的，再不能到一處。」也許是曹雪芹讓薛姨媽說這番帶有預言性的話，以預示寶、黛的愛情悲劇。

由於受傳說和宿命論的影響，姻緣命中注定，曾是中國帶普遍性的婚姻觀念。如馮夢龍《醒世恆言．喬太守亂點鴛鴦譜》開篇所言：「自古姻緣天定，不繇人力謀求。有緣千里相投，對面無緣不偶。」

「姻緣天定」的觀念帶有濃厚的迷信色彩，但如從另一個角度去看，這些虛幻的傳說，神祕的定論，豈不正反映了封建社會青年男女在媒妁婚面前無可奈何和無能為力的心情，以及他們對堅貞愛情的執著追求。

氤氳大使

民間傳說中的另一位婚姻神是氤氳大使。宋代陶穀筆記小說《清異錄》中記錄了一個氤氳大使的故事：

有一個叫朱起的青年暗暗地愛上了一個叫寵之的女子，然而兩個人要相愛，卻障礙重重，朱起因此鬱鬱寡歡，神思恍惚。一天他送來訪的朋友，直送到了郊外，和朋友分手後便獨自一人回家。路上遇到一個青巾短袍、挑著個藥籃的道長。道長對他看了又看，相了又相，終於走近他身旁，對他說道：「郎君虧得遇我貧道，否則危矣。」朱起聽他這樣一說，不禁吃了一驚，即刻下馬作揖，問個究竟。那人說：「你有心事，請跟我直說，我可以給你解難。」朱起便把他和寵之的事告訴了道長，那道長嘆道：「世上的男女姻緣，都由繾綣司總攬，那兒的長官叫氤氳大使。有緣分的男女，要下了鴛鴦牒才會成功。我把你的事跟他說去。」分手時，青巾道長從籃子裡取出一把扇子，對朱起說：「這把扇子叫坤靈扇，你去探望寵之時，只要以扇遮面，人家就看不見你了。自此以後，你們七日可得一見，十五年而止。」朱起回去後，試用道長教他的方法，果然靈驗，從此和寵之相會，來去無阻。十五年後，寵之病逝。

這個故事傳播以後，人們對氤氳大使的膜拜就更虔誠了。氤氳大使似乎比月老更近人情，月老繫定的「結婚結」不容更改，氤氳大使卻還容人說情，似乎顯得更富同情心。

海神潮神

《金瓶梅詞話》第八回，寫到西門慶與潘金蓮勾搭成奸以後，又娶了孟玉樓，一連數日未到潘金蓮處，弄得她「唉剔銀燈，睡不著。短嘆長吁，翻來覆去」。於是她在百無聊賴之際，操了琵琶，自彈自唱了一曲《綿搭絮》：「心中猶豫，展轉成憂。常言婦女痴心，唯有情人意不用。是我迎頭和你把情偷，鮮花付予，怎肯甘休？你如今另有知心。海神廟裡，和你把狀投。」

詞中傾訴了她的滿腔委屈，更提出了「海神廟裡，和你把狀投」，要請海神來評斷他們的私情糾葛。元人尚仲賢所寫的雜劇《海神廟王魁負桂英》，也將海神和男女情愛連繫到了一起。

《王魁負桂英》取材於宋代民間傳說：妓女桂英深愛書生王魁，資助他安心讀書，進京赴考，但王魁得中狀元以後，貪圖榮華富貴，終將桂英拋棄而另攀高門。王魁進京趕考前，曾和桂英雙雙到海神廟賭誓，後來王魁變心，桂英滿腔悲憤，自殺前又到海神廟中，向海神控訴王魁的薄情負心。

顯然，民間曾將海神看做是一個能對婚姻愛情做出公正裁決的神。

潮神也曾被人視為婚姻之神。明代文學家馮夢龍《警世通言》第二十三卷《樂小舍拚生覓偶》就寫了一個潮神促成婚姻的故事：樂和與順娘自小同窗，情意相篤，私下結為夫婦，但由於兩家門戶不當，一直未能正式議親。樂和聞說潮王廟有靈，就偷偷買了香燭果品前去祭祀，祈禱潮王讓他與順娘能成伴侶。一次觀潮時順娘被潮水捲入江中，樂和情急之下也跳下江去，兩人被潮王救上江岸，終於結成眷屬。因此，潮神也是人們崇拜的婚神之一。

膜拜神

民間婚禮中有許多的膜拜神，如天君、地司、和合二仙、轎神、灶神、床神等。中國傳統習俗，行婚嫁大禮時定要膜拜天君、地司。

天的高不可攀和地的無比深厚，天的無所不包和地的無處不在，給人們留下了極其深刻的印象。春去冬來，花開花落，人世間的男男女女來了又走，走了又來，更迭了一輩又一輩，然而，天地卻永無競日，永不衰老。難怪痴情男女總要將自己的愛情以地老天荒來賭神發咒。晝夜陰暗由天主宰日月星辰在天上運行，風暴雷電從天而降。天似乎掌握著世間的一切運動變化，神祕莫測。高山大海由大地負載，草木五穀由大地萌發，飛禽走獸由大地撫育。凡此種種都使人感受到天地的無比威力，人們敬仰它，且被它懾服。人類社會早期，人們無法解釋大自然的種種奧祕，便將對人類自身的粗淺認識轉化成了對自然的認識，這樣便產生了一個人格化的天和一個人格化的地。人格化的進一步發展，就創造出了一個在天堂裡主宰著天上和人間一切事務的至高無上的神——天公和一個主宰著地上禍福的神——地母。天君、地司，就是民間對天公、地母的稱呼。

婚禮中對天君、地司的膜拜，具有多重意義。一是希望婚姻愛情像天地一樣的永恆不變；二是請天地來作婚姻的見證，表示婚姻大事的莊重嚴肅；三是認為天地能洞悉人間一切，能賞善罰惡，向天地膜拜，是請天地來檢查，如誰背叛了這婚姻，就讓天地來懲處，表達了對婚姻愛情的忠貞不貳。天地是中國民間婚禮中必不可少的膜拜對象，因此「拜天地」也就常被用作了婚禮的代稱。

在蘇南地區，特別是蘇州人舉行婚禮時，喜堂正面的牆上一定要懸掛和合二仙的畫像。二仙形象是兩個胖乎乎的男孩，蓬頭笑面，一個手持荷花，一個捧著圓盒。

蘇州人認定，和合二仙就是楓橋寒山寺的寒山、拾得二僧。民間傳說他倆原居北方僻遠鄉村，雖為異姓，卻親如兄弟。後來，寒山與拾得同時愛上了一個女子，卻相互並不知曉，待到臨近婚期才真相大白。於是善良的寒山便棄家出走，來到蘇州楓橋鎮，削髮為僧，結庵修行。拾得知其良苦用心，便也捨下戀人，到處尋覓寒山，後來聽說寒山在蘇州楓橋，便也到了楓橋鎮。他折了一枝盛開的荷花前去會面。寒山見拾得到來，也興奮不已，連手裡捧著盛放齋飯的圓盒也來不及放下，就迎了出去。兩人相見，不禁大喜，相向而舞。拾得於是也入了空門當了僧人。直到現在，寒山寺裡還保存著一塊青石碑，上面刻著他倆的畫像和名字。老百姓稱之為「荷盒二仙」。「和、合」實為「荷、盒」諧音，蘇州人將他們視為夫妻和合之神，作為婚禮時膜拜的對象。蘇州人結婚，一定要拜天地與「和合」。拜天地以示莊重，拜「和合」，祈求夫妻情感篤厚，和諧好合。

過去迎娶多用轎，新娘要坐了轎，開始一種全新的生活，夫家則將由花轎迎來一名新的家庭成員，嫁娶人家就有了祭祀轎神之舉。過去的婚姻都是父母之命、媒妁之言的產物，以後夫妻能否和合，生活是否甜美，誰也沒有把握，因此往往大家心中都充滿了對未來莫名的緊張和恐慌，這種緊張和恐懼很自然地就轉換成了對各種神靈的祭祀和膜拜，對轎神的祭祀便是其中之一。

灶神，又叫灶君、灶王。過去燒飯、煮菜多用灶，一般人家的灶頭上面、煙囪前面，都有一個小小的神龕，神龕裡就供著灶神的神位。灶神在漢代以前，曾和火神混而為一。灶最根本的功能是以火煮食。人類利用火來燒煮食物之初，恐怕並無專門的灶具，因此灶和火的概念是很難分清的。據古書記載，灶神原是女性，從中似乎可以窺見母系氏族的影子，也說明灶神信仰是十分古老的習俗。到漢代以後，灶神的職能已經從掌飲食，演變為主禍福了。據說，灶神每年都要上天向玉帝匯報所在人家的善惡，玉帝就根據灶神的匯報，對每個家庭進行獎懲。因此，對這樣一位事實上掌管著一家禍福的灶神，人們當然不敢掉以輕心。迎娶新人，請喝喜酒，當然不會忘掉他。對他進行祭祀，也無非是希望他能對新婚夫婦多多關照。消禍降福。

喜床是婚後睡眠和過夫妻生活的重要所在，事實上古人也知道性生活的和諧與否，常常直接關係到婚後夫妻的感情和家庭的安寧，因此傳統婚禮中有祭祀床神的習俗。據說，床神有兩位，即床公、床婆。俗有所謂「男茶女酒」之說，以為床公喜茶，床婆好酒，所以祭祀時要供上茶酒果餅。人們認為，祭祀了床神，「床第之私」就能安泰快樂，婚姻久長，當然也可高枕無憂了。

轎神、灶神、床神都是人造物崇拜的產物，它的歷史已經非常的久遠了。過去的婚姻嫁娶制度，難免會使人有許多的憂慮，現實的擔憂和期望，使這種古老的習俗得以延續。

婚書

婚書，現在稱作結婚證書。幾乎歷代法律都規定，男女雙方締結婚姻，必須到相關部門登記，領取結婚證書。否則，婚姻將不受法律保護。

顧名思義，婚書應在文字形成以後才能產生。文字是婚書構成的一個重要因素。在此之前，締結婚約有無憑證等物，現在還沒有實物能夠給予說明。婚書的出現，是姻婚在法律程序方面的進步。但同時也表明，因婚姻問題男女雙方發生爭執已很常見。

據《周禮》記載，周朝管理婚姻事務的官職為媒氏。媒氏負責書寫頒發婚書。《周禮．地官．媒氏》：「媒氏掌管萬民之判。」鄭玄注曰：「判，半也。得耦為合，主合其半，成夫婦也。」清代學者俞樾認為，這裡的判即是判書。周朝時的婚書，一般寫在一片竹簡或木簡上，然後把它分開，男女雙方各拿一半，作為婚姻的法律憑證。

婚書分官方婚書和民間婚書。民間婚書又叫私約，是指男女雙方締結婚姻，未去上報官府，只是雙方與中間人私下簽署的婚約。對待私約，各代朝廷態度不一。有的明令禁止，不予承認。有的較寬容，承認私約有效。其實在民間，私約婚書一直盛行不止。

古代婚書的樣式，現在能見到的是敦煌發現的婚書，時代大約為唐代。更早的婚書如何書寫，已不得而知。敦煌婚書分正書和別紙。男方家請求婚姻叫通婚書，女方家允諾叫答婚書。通婚書和答婚書統稱正書。雙方正書之外各附別紙。男方別紙寫上男性當事人的情況，女方別紙寫女性當事人的情況。主要內容是年齡、在兄弟姐妹中排行第幾、是否婚配過、性格如何等。實際上正書多是虛文套話，真正內容倒是在別紙上。

宋代婚書與敦煌婚書相比，有了很大發展。婚書分草帖子和細帖。細帖又稱定帖。媒人先將草帖轉送男女各家，雙方都無異議，開始過細帖。男方家細帖要將自家三代的姓名、官位、締結婚姻的是第幾男，以及他的官職品位、生年、生月、生日，父母是否健在，父母如不在由何人主婚，本人有什麼田地財產，送多少聘禮等，都要寫得清清楚楚。女方的定帖與男方大致相同，只是把聘禮改為嫁妝。定帖寫好後要裝在彩盒裡，擇日由媒人送給對方。順序是男先送，女後送。雙方送過定帖，婚約便開始生效。

宋代婚書奠定了中國古代婚書的書寫格式。歷經元明清三代，直至民國，先草帖後定帖的婚書程序，在民間一直流行未變。

新婚哭嫁

哭嫁作為一種民俗事象，全國很多地區都有。哭嫁是說新娘在出嫁的當天，有些地區或民族，是在出嫁的前一二天，要不斷地哭訴。直到被接娶到新郎家門，哭訴才算結束。哭訴內容由自己選定，有一些方面有固定的格式。婚姻在中國人的眼中，是人的終身大事，無論是娶親，還是嫁女，人們一律稱作喜事，恭賀時稱作大喜。婚禮是充滿喜慶歡樂的民俗活動，然而為什麼在一些地區流行新娘哭嫁呢？這裡面的文化內涵是什麼呢？

現在人們普遍認為，哭嫁源於掠奪婚。掠奪婚亦稱搶劫婚，是人類遠古時代的一種婚姻形式。人類祖先為了避開婚姻上血緣近親，開始向其他民族部落尋找配偶，搶掠是其中的一個方式。現在的很多民族都經歷過這個歷史階段。

從人類發展的角度看，掠奪婚把沒有血緣關係的人帶入婚姻關係，這種婚姻的優越性和社會價值是前所未有的。然而從女人的情感角度看，這無疑是一種野蠻的強制性婚姻形式。可以想像，遭到突然搶劫的女子，是怎樣的驚駭恐慌和痛哭流涕。由恐懼到哭泣，這是一種心理過程，也是一種沒有辦法的抗爭。女人的武器是眼淚，在這裡是實實在在的。面對武力和強暴，她們沒有別的選擇，哭是唯一的反抗。從此往後，哭與嫁便結下不解之緣，年復一年，代代相傳，形成後世的哭嫁風俗。

隨著人類的進步和社會的發展，掠奪婚這種婚姻形式早已消亡。雖然現代世界仍然存在著各式各樣的搶婚，但在本質上已不同於古代的掠奪婚，即由原來的真搶轉變為一種迎親儀式。問題在於，產生於掠奪婚時代的哭嫁，為何沒有隨著掠奪婚的消亡而絕跡。現在看來，原因主要有兩個：一是民俗文化的傳承性。哭嫁像其他民俗事象一樣，傳承性比較強。二是哭嫁的社會基礎依然存在。掠奪婚雖然消亡了，但廣大婦女並沒有因此而獲得婚姻自由。在這樣的文化背景下，哭嫁得以傳承便不足為奇了。

中國地域廣闊，民族眾多，哭嫁風俗各式各樣，哭嫁形式也不盡相同。如果以哭嫁的當事人劃分，有兩種形式：

❖ **母女對哭**：這種形式下母女二人都是哭嫁人。主角一般是母親。母親哭唱一段，女兒應和一段。也有母女同時哭唱的。

❖ **親友陪哭**：陪伴哭唱的親友都是女性，人數不固定，少者三五人，多者一二十人。有獨唱，有對唱，也有合唱。親友陪伴哭唱，表現了女性的共同命運和相通的情感。

以哭嫁本身來劃分，有四種形式：

❖ **只哭不唱**：即哭嫁時沒有唱詞。有時新娘低聲哭泣或大聲嚎啕，母親一邊陪伴垂淚。有時則母女倆抱頭痛哭。這種情形多見於城鎮。

❖ **只唱不哭**：即以歌當哭。唱歌人大多不是新娘。這種只唱不哭的哭嫁形式，多見於少數民族。廣西毛難族嫁女時，由女歌師唱〈折被歌〉。畲族人在喜宴上，要由新娘的嫂子代她唱〈敬酒歌〉。晚上還要擺歌臺，青年男女長夜對歌。

❖ **有哭有唱**：這是一種最典型的哭嫁形式。哭嫁時似唱非唱，似哭非哭。把說白、哭訴、歌唱融為一體。唱詞既有固定內容，又可即興發揮，節奏自由，抒情性強。江西大部分地區流行這種哭嫁形式。

❖ **有歌有舞，又哭又唱**：這種哭嫁形式參加的人比較多。在有組織的情況下，新娘與姐妹們一道，放聲哭娘，盡情歌舞。姐妹們獻歌獻藝，真誠祝賀。場面歡快熱鬧。

哭嫁習俗離不開哭嫁歌。近些年，民間文藝工作者深入生活，蒐集整理出許多哭嫁歌。其內容主要有以下幾個方面：

❖ 感謝父母的養育之恩；
❖ 訴說包辦婚姻的痛苦；
❖ 對婦女地位低下表示憤慨；
❖ 歌唱夥伴之間的友情；
❖ 指責媒人花言巧語；
❖ 對新娘的教誨和祝福。

從整體上講，哭嫁歌的內容是積極健康的。當然，其中也有一些較陳舊的觀念。一些傳統的哭嫁歌，由於歌詞落後於時代的發展，人們對它們的傳承意識就日趨淡漠。

封建社會是哭嫁習俗的興盛期。在漫長的封建社會裡，婚姻的締結，主要靠「父母之命，媒妁之言」。女人必須遵循三從四德，婚姻悲劇時有發生，而哭嫁給新娘提供了一個宣泄不滿的機會。這是哭嫁在封建社會之所以盛行不衰的重要原因。

進入現代社會後，婦女的社會地位有了明顯提高。除了一些落後地區父母包辦婚姻還較為嚴重外，戀愛自由和婚姻自主是社會普遍認同的準則。婚禮成為名副其實的人生大喜，哭嫁賴以生存的社會土壤基本消失。因此，在現代社會，走向沒落是哭嫁習俗不可扭轉的趨勢。

紅蓋頭

蓋頭又稱蓋巾，是新娘在婚禮上的重要飾物。娶親花轎來到，新娘先拜別父母，然後用紅巾蒙首，讓伴娘攙扶上轎。來到夫家，舉行婚禮。新郎親手揭開蓋頭，二人正式相見。

新娘為何用紅巾蒙首，事情多少有一點說頭。漢魏時期，天下紛爭，戰火連綿不斷，民間娶親有時根本無法照禮儀行事。出於安全方面的考慮，婚事一說定，便用紗巾將新娘的頭蒙上，新郎將新娘接回，到家後揭開新娘紗巾，新娘拜見公婆，新郎和新娘便成為合法夫妻。這種方式本是為速成而採用的一種權變方式，不曾想影響卻很大，新娘結婚時頭頂紅蓋頭逐漸演化為一種禮俗。

這種簡易的婚禮形式古時叫拜時。唐人杜佑在《通典》卷五九中說：「拜時之婦，禮經不載，自東漢魏晉及東晉，鹹有此事。按其儀或時屬艱虞，歲遇良吉，急於嫁娶，權為此制。以紗蒙女氏之首，而夫氏發之，因拜舅姑，便成婦道。六禮悉舍，合巹復乖。」

晉朝時，拜時婚盛行一時。這時不僅是因為戰亂，還因為喪事。禮俗規定，男女雙方家庭有喪事，不能在服喪期內婚嫁。而古代喪期太長，很多家庭等不得，便冒喪舉行拜時婚。直到近現代，在父母喪期婚嫁，婚禮也講究簡易。

新娘蓋頭由誰來揭開，不同時代不同地區也有不同的風俗。宋朝時是由至親中的雙全女親來揭開新娘蓋頭。《夢粱錄．嫁娶》中說：「其禮官請兩新人出房，詣中堂參堂，……並立堂前，遂請男女雙全女親，以稱或機杼挑蓋頭，方露花容。」這裡有祈求吉祥之意。吳地東萊一帶的婚俗，新娘蓋頭要由婆母揭開。朱軾《儀禮節略》中說：「吳東萊婚禮，婿婦交拜後舉蒙頭，遂就坐。按內則，女子出門必擁閉其面，蒙頭即擁面也，俗謂之蓋頭。以錦為方帕，橫直四尺，女辭父母，拜畢，即以帕蓋頭，升車至夫家。交拜，必姆為去之。乃合巹。」

但最普遍的習慣，還是新郎親手為新娘揭開蓋頭。根據《通典》的說法，唐朝時新娘的蓋頭是「夫氏發之」，宋人朱熹也主張揭蓋頭的人應是新郎，「婦拜，婿答拜，婿為舉蒙頭。」《紅樓夢》第九十七回：「儐相請了新人出轎。寶玉見新人蒙著蓋頭，喜娘披著紅扶著。……儐相贊禮，拜了天地，請出賈母受了四拜，後請賈政夫婦登堂，行禮畢，送入洞房。……寶玉此時到底有些傻氣，便走到新人跟前說道：『妹妹身上好了？好些天不見了，蓋著這勞什子做什麼！』欲待要揭去，反把賈母急出一身冷汗來。寶玉又轉念一想道：『林妹妹是愛生氣的，不可造次。』又歇了一會兒，仍是按捺不住，只得上前揭了。喜娘接去蓋頭。」曹雪芹的這段描寫相當生動具體，新娘薛寶釵的蓋頭是由新郎寶玉親手揭去的。

新娘紅巾蒙首，始是出於權變，後習而成禮成俗。這裡面既有模仿行為，又有追求美學的強烈意識。紅色是喜慶，是鮮豔。蒙首是含蓄，是朦朧。在蓋頭揭開之前，人們對新娘的容貌只能去想像。可以想其醜，也可以想其美。這種懸念為新婚增添了無窮魅力。

結髮

結髮又稱合髮、合髻。《古詩源》載漢代蘇武詩云：「結髮為夫妻，恩愛兩不疑。」這說明漢代已把結髮和婚姻聯結在一起。唐宋兩朝承襲前代風俗，婚禮中流行舉辦結髮儀式。敦煌女夫詞中有合發詩一首，其詞云：「本是楚王宮，今夜得相逢。頭上盤龍結，面上貼花紅。」杜甫〈新婚別〉：「結髮為君婦。」北宋歐陽脩在談到婚姻禮俗時，曾提到合髮之俗。但當時歐陽脩對結髮興起的緣由和目的，表示出有些茫然不解。

前人對結髮有三種解釋。

❖ **結髮是束髮的意思**：古代男女幼時披頭散髮，或略加梳理，到成年時才把頭髮束起來。男子二十歲加冠，女子十五歲著笄，笄是束髮用的簪子。及笄即是女子許嫁之年。剛一成年就結婚，夫妻雙方自然都是元配初婚，這樣的夫妻稱為結髮夫妻。

❖ **古代女子許配給人家後，便用一根絲繩把頭髮束起來，表示自己已有婆家**：到舉行結婚典禮時，由丈夫親手解下頭繩，重新梳理頭髮。這種儀式被稱作結髮。

❖ **新婚時男女雙方備剪下一綹頭髮，結在一起作為夫妻恩愛的信物**：按宋人孟元老《東京夢華錄》的說法，男人剪左邊頭髮，女人剪右邊頭髮。許多衝破封建禮教而自由相愛的青年男女，為了表示對愛情的忠貞，常模仿婚禮中的結髮儀式，剪下頭髮綰作同心結。唐代女詩人晁采的《子夜歌》對這種情形有生動的歌詠：「依既剪雲鬟，郎亦分絲發。覓問無人處，綰作同心結。」這種由頭髮挽結成的信物，大多保存在女方手中。

這三種解釋各有各的道理，很有可能這三種文化形態在歷史上都存在過。

交杯酒

在婚禮儀式中，新郎新娘喝交杯酒是一項重要活動。喝交杯酒，古時叫做合巹之禮。周朝時這種儀式十分盛行，並被收入官方的禮典。《周禮．昏義》：「婿揖婦以入，共牢而食，合巹而。」巹是用葫蘆做的酒具。每逢娶親，人們便取來大小適中的葫蘆，居中分開，成為兩瓢。新郎新娘各持一瓢，瓢裡裝上酒，新婚夫妻舉瓢同時共飲。飲後將兩瓢合為一體，謂之合巹。是飲酒，「合巹而」，就是飲合巹酒的意思。這是葫蘆崇拜文化的一種流變。葫蘆形圓仔多，類似於十月懷胎的孕婦。在古代的洪水神話中，人類被洪水淹滅，只有一對兄妹因躲進葫蘆中才死裡逃生。後來兄妹結為夫妻，再創人類，成為人類始祖。葫蘆與人類生殖有密切關係。新婚時行合巹之禮，即是預祝新郎新娘婚姻圓滿，子孫興旺。

不同時代喝交杯酒的形式也都各不相同。在唐代，喝交杯酒時，讓兩個小男孩充當巹童，兩人手裡各捧一個小瓢，瓢裡斟上酒，一個巹童說：「一盞奉上女婿。」另一巹童說：「一盞奉上新娘。」新郎新娘接過對飲。用一對幼兒做巹童，既寓有童貞之義，又暗含求子之情。

宋朝時，喝交杯酒已不太愛使用瓢具，而是換為酒杯。用彩色絲線將兩個酒杯連繫在一起，杯內注滿酒，新郎新娘各持一杯，同時先喝下半杯，然後換杯，接著再同時喝下餘下的酒。彩色絲線有千里姻緣一線牽的含義，也是表示二人心心相連，同心同德。換杯換酒，交叉而飲，含有二人合一、永不分離的意義。也有人將系杯的綵線換成綵綢，中間繫上同心結。這種喝交杯酒的形式，一直流行到近現代。

進入現代以後，喝交杯酒又出現一種新的方式。兩個酒杯倒滿酒，新郎新娘各取一杯，面對面站著，用拿酒的手臂相互套折著，同時喝下杯中酒。喝完後手臂放開。這種喝交杯酒的形式，使新郎和新娘有了身體上的直接接觸，因而更具有象徵意義。

聽房

聽房俗稱聽壁角，即是在新婚之夜，新婚夫婦的親屬或鄰舍偷偷在窗外傾聽新郎新娘的動靜，包括語言交流和行動，中心是傾聽新婚夫婦第一次性生活是怎樣進行的。傾聽人將把聽到的情況，添枝加葉，作為笑料給予傳播。聽房與鬧洞房有異曲同工之處，文化淵源也大致相似，都是群婚文化的一種變異形態。所以有人把聽房納入鬧洞房範闈，但實際上兩者還是有差別的。

聽房風俗開始被記載下來是在漢代。《後漢書．列女傳．袁隗妻》中載：袁隗是袁紹的叔叔，曾官至太傅。袁隗的妻子是大學者馬融的女兒，名字叫馬倫，年少時就以才辯出名。馬融家世豐豪，馬倫出嫁時送了許多嫁妝。在新婚之夜，袁隗對馬倫說：「婦人的責任只是主持家務而已，你的嫁妝過於珍奇華麗了吧！」馬倫說：「這是雙親的特別垂愛，怎好違命呢？夫君如若欽慕鮑宣、梁鴻那樣高行之人，妾亦願模仿少君、孟光之事。」袁隗又說：「若弟弟先於兄長娶婦，一定會受到世人恥笑。你姐姐現在還未出嫁，你反而先出嫁，這樣好嗎？」馬倫回答說：「我姐姐行為高雅，不同凡俗，至今還未遇到好的配偶。我則行為鄙薄，大致說得過去就能出嫁。」袁隗又說：「你父親學窮道奧，文為辭宗，但在做南郡太守時，卻對理財毫無辦法，何邪？」馬倫答道：「孔子大聖，不免叔武之毀，子路至賢，猶有伯寮之愬，我父親這樣，自然是應該的。」袁隗見難不倒馬倫，只好默然不語。聽房人聽到這段對話，也感到慚愧。

前人曾以聽房為題，編撰了一段笑話：

有一縣令新婚，洞房設在縣署，縣署打更的更夫為了聽壁角，整夜沒有打更。縣令因為未聽到打更的鑼聲，第二天早上喚更夫來問：「你昨夜為何沒有打更？」

更夫立即答道：「我打更了，而且有事為證。」
縣令：「你說一更有何事證？」
更夫：「我打一更時，聽得老爺和太太在欣賞山川景物。」
縣令：「是如何情形？」
更夫：「聽得老爺和太太一問一答的『這是什麼？』『這是雙峰競秀。』『這是什麼？』『這是石澗溫泉。』以下就沒有聽明白了。」
縣令：「二更時呢？」
更夫：「我打二更時，正值老爺太太掛對聯！」
縣令：「你怎麼知道？」
更夫：「聽得太太對老爺說：『下一點，還稍下一點，好了。』這不是掛對聯嗎？」
縣令：「唔，三更時呢？」
更夫：「我打三更時，老爺賓館來了貴賓。」
縣令：「有何憑證？」
更夫：「聽得太太連聲的在叫『哥哥，哥哥』，必定是舅老爺來了。」
縣令：「四更時呢？」

更夫：「我打四更時，老爺方下館子，正在會帳。」

縣令：「怎見得呢？」

更夫：「聽得老爺說：『我揩（開）我的。』太太也說：『好，就各揩各的吧！』這不是會帳嗎？」

縣令：「五更時呢？」

更夫：「我打五更時，聽得老爺有倦勤之意。」

縣令：「胡說，那有這回事？」

更夫：「我聽得清清楚楚，太太問老爺：『你再幹嘛？』老爺回答：『我不幹了。』這不是倦勤嗎？」

更夫說完，把打更用的小鑼向縣令的辦公桌上一甩，大聲說道：「我一定和老爺同進退，現在老爺既是不幹了，我也決心下野。」

聽房習俗從古至今一直流行未斷。有的人甚至藏在床底下，將新婚之夜的情形偷聽得一清二楚。《陽原縣誌》載：「迄新夫婦共寢之際，屋外尚有竊聽情詞，以作翌日戲弄資料者，謂之聽房。」清人黃祖軒《遊梁瑣記．縣內奇案》：「凡合巹初夜，以聽房為喜兆。」既以有人聽房為喜兆，此種風俗豈能斷絕？但很多人還是認為聽房有失文明。《野叟曝言》第九十四回載，皇姑在答應嫁給蘭哥之前，便與男方約法五章，第三條就是「成婚之夜不許吵房、聽房」。劉真《春大姐》：「村長趙金山也強硬地說：『去去去！今晚誰也不許聽房，這幾天他們太辛苦了。你們心疼人家，等你們娶媳婦時，人家才能心疼你們。』」社會文明的進步，使聽房逐漸失去存在的空間。

新婚驗紅

新婚驗紅，即是在新婚之夜的開始，由新郎的母親或至親年長女性，把一塊白色布帛交給新郎，用於擦拭新娘因初次性交處女膜破裂後出現的血滴。到第二天早上，新郎拿著帶有血跡的白色布帛，交給父母和親友們查驗。人們看到血跡布帛，知道新娘貞節完美，便向新郎新娘表示祝賀，這時新娘也會感到非常榮耀。

封建社會特別看重女性的貞節，保持貞節是妻子對丈夫應盡的義務。處女童貞在婚前得到完好的保護，是女性守貞的第一階段。封建倫理道德要求女性要守貞從一，守貞就是要保證新婚之夜是處女身，使丈夫享有初夜的權利。新娘的處女童貞是她在夫家立足的基礎，也是保障她與丈夫白頭偕老的先決條件。

第二章　婚姻風俗

人類在初始階段實行亂婚，男女自由婚配，無所謂處男處女。男性娶親重視女方是否為處女，要求女性婚前守貞，大概是在商周時期形成的觀念。有關這方面的記載則到春秋戰國時期才出現。《莊子．逍遙游》：「藐姑射之山，有神人居焉，肌膚若冰雪，綽約若處子。」處子即處女。把神人喻為處子，反映出當時人們對處女十分推崇，認為處女最為冰清玉潔。《荀子．非相篇》：「今世俗之亂君，鄉曲之儇子，莫不美麗姚冶，奇衣婦飾……婦人莫不願得以為夫，處女莫不願得以為士。」《戰國策．燕策》：「處女無媒，老且不嫁。」這種涉及處女事情和說法能夠多次見之於文字，也說明人們對處女的注意。

西漢中期漢武帝罷黜百家，獨尊儒術，儒家的倫理道德得到官方的承認，人們對婦女守貞的要求更加嚴格，新娘應為處女是社會普遍認同的準則。《趙飛燕外傳》載：「趙後飛燕，父馮萬金，祖大力，工理樂器，事江都王協律舍人……江都王孫女姑蘇主，嫁江蘇中尉趙曼，曼幸萬金，食不同器不飽。萬金得通趙主。主有娠。曼性暴妒，且早有私病，不近婦人。主恐，稱疾居王宮，一產二女，歸之萬金，長曰宜主，次曰合德。然皆冒姓趙。宜主幼聰悟，家有彭祖分脈之書，善行氣術，長而纖便輕細，舉止翩然，人謂之飛燕……飛燕通鄰羽林射鳥者。飛燕貧，與合德共被。夜雪，期射鳥者於舍旁，飛燕露立，閉息順氣，體溫舒亡疹粟，射鳥者異之，以為神仙。飛燕緣主家大人得入宮，召幸……及幸，飛燕瞑目牢握，涕交頤下，顫慄不迎帝，帝擁飛燕三夕，不能接，略無譴意。宮中素幸者，從容問帝，帝曰：『豐若有餘，柔若無骨。遷延謙畏，若遠若近，禮義人也。寧與女曹婢協肩者比耶。』即幸，流丹浹藉。私與燕曰：『射鳥者不近汝耶？』飛燕曰：『吾內視三日，內肌盈實也。帝體洪壯，創我甚焉。』飛燕自此特幸後宮。」趙飛燕是漢成帝的皇后，趙飛燕與漢成帝是怎樣度過初夜，筆記小說家之言不可全信。但有一點可信，不是處女是不允許進皇宮的，破身女進了皇宮也不會有好下場。

新婚之夜新娘破身見紅，稱作元紅、新紅、喜紅。用素色絹帕類驗紅的風俗興起於何時，目前很難確定。元人陶宗儀《輟耕錄》裡，有一段記敘驗紅的故事：「一人娶妻無元，袁可潛贈之《如夢令》云：『今夜盛排宴席，准擬尋芳一遍。春去已多時，問甚紅深紅淺，不見，不見！』」透過這段故事可以知道，在元代新婚驗紅已是較為常見的事情，親朋好友都是參加者。按照常理，這種形式的驗紅應是以素色絹帕上的血跡為證，否則空口無憑，不好向眾人交待。但這只能是推測。

明代開始有用素帕驗紅的確切記載。《萬曆野獲編》中說，揚州有些人家，習慣從

第二章　婚姻風俗

小收留一些窮家女孩，讓她們習音練字，熟悉接人待物的禮節。等到她們長大後，賣給有錢人家做妾，自己從中獲利。江浙一帶的有錢人家都喜歡到揚州買妾。「其俗最重童女，若還一方白絹者，徵其原值必立返，以故下山者即甚姝豔，價僅十之三。」買妾要驗紅，無紅者以「白絹」證之，而且可退貨或減價，表明新婚時用白色布帛驗紅，在當時已相當普遍。

在晚清時，新娘的童貞更珍貴。女人視它為命根子，男人把它看作是自己的臉面，驗紅之風盛極一時。據《燕京舊俗志》記載，北京地區十分講究新婚驗紅，並以掛「彩子」為代表。誰家結婚掛出彩子，便是宣告新娘為碧玉無瑕。「至於新娘貞操之試驗，亦有一種鮮明之表示。按京師習俗，自三十年前，直至於今，無論何族何教，富貴貧賤，凡遇有慶賀喜事，均在大門以外，懸掛紅綠等色絲綢，俗傳『懸燈結綵』者是也。內城旗籍人家，多是將各色綵綢，用竹竿為架，紮成匾額式，或牌坊式，別名謂之『硬桿彩子』。外城漢籍人家，僅將三四色綵綢，攢掛門上，在左右下乘之中部，各綰紮一二圓形綵球而已，別名謂之『軟彩子』……新婚表示新娘之貞操，次日絕早，即將硬桿彩子高高掛起。倘若出問題，即將彩子撤銷，而不懸掛矣。然此係專為宣示於親友族鄰者，其對於新娘母家，尚另有一種禮節。則用全紅禮帖一幅，外皮大書喜字，內容可書『恭頌親家老爺、太太，閨門有訓，淑德可風……拜賀』等字樣，特遣專人，手捧拜匣，於絕早疾馳送至女方家。女方家一接到此喜帖，養女責任，始為正式解除。於是亦燃放喜鞭，懸掛綵子。」

如若新娘不是處女，情形就會非常糟糕。門前不會懸掛綵子，也不會派人給女方家報喜。夫家覺得背運透頂，新婚娶個失節女，難以面見親鄰。娘家也認為女兒給家庭帶來恥辱。嚴重的夫家會當即將新婦休棄，不再承認這門婚事。輕者也會將娘家人找來，質詢根由。女方家只能低聲下氣，乞求夫家寬恕。還要明確表態，新婦今後絕不會再有任何問題，如再有不清不白之事，任憑夫家處置，死傷都不會計較。

俗曲〈五更調〉是流行清朝末年民國初年的作品，其中〈三更調〉是專寫初夜驗紅之事的。請看作品：

> 三更裡明月來相照，奴好似狂風吹折柳腰。郎愛風流不顧奴年少，忍痛含羞隨他來顛倒，弄出一點紅，滴在白綾標，不怕羞醜拿到燈前照。新郎見了喜紅，心中多歡悅，說奴是黃花女，喜笑在眉梢。

直到現在，據說在某些偏遠落後地區，還殘存著新婚驗紅的習俗。作為一種帶有歧視婦女性質的風俗習慣，隨著人類文明的進步，它的消失和絕滅將是歷史發展的必然。

拜見公婆

拜見公婆，古時稱拜見舅姑，是婚禮儀式中的一項重要內容。古代禮俗認為，婚姻不僅是婚姻當事人的事，而且是整個家庭的事。新婦進門，不僅是為兒子娶了一個媳婦，而且是為家庭娶來一個能夠生兒育女、傳宗接代、主持家務、延續家庭的主婦，因而古人特別重視成婦之禮。拜見公婆是成婦的主要內容。

《儀禮．士昏禮》中說，新婚之夜過後，天還未亮，新娘就要起來，沐浴更衣，梳妝打扮，做好拜見公婆的準備。唐代詩人朱慶餘〈閨意獻張水部〉這首詩，相當形象地描繪出這種情形。詩中詠道：「洞房昨夜停紅燭，待曉堂前拜舅姑。妝罷低聲問夫婿，畫眉深淺入時無。」天一大亮，開始舉行拜見之禮。拜見地點一般是在廳堂。公婆先進入拜堂，新婦拿著笄和棗栗等物，隨新郎進入。先拜奠神祖，把物品放在祭桌上。完後公婆就座。新婦先拜見公公，公公說幾句祝福希望的話。再拜見婆婆。婆婆將新婦扶起，把笄交給新婦，表示承認新婦成為家庭成員。然後新婦與家庭其他成員一一見面。對長輩要行拜見之禮。接著全家共進早餐。新婦要向公婆進薦一二樣主菜，表示尊敬和恭順。公婆則把甜酒倒進杯裡，讓新婦飲用，用以表示對晚輩的憐愛。

拜見公婆

拜見公婆是新娘由外人過渡到家庭成員的必須履行的禮儀，同時這也是一個代表。否則，即使舉行過婚禮，但未拜見過公婆，按照禮俗的說法，新娘還不算是家庭正式成員。唐代詩人杜甫在〈新婚別〉中，明確地反映了這種情況。詩中云：

結髮為君妻，席不暖君床。
暮婚晨告別，無乃太匆忙。
君行雖不遠，守邊赴河陽。
妾身未分明，何以拜姑嫜。

最後兩句詩使用的是倒置法，是說新婦未能行拜見舅姑之禮，身分未明。詩人以一個新婦的口吻，訴說了自己內心的憂慮。

父母雙親如有一方或雙方先亡，丈夫則要帶新婦到墓地拜祭，也算是行了拜見之禮。

續親

續親又叫續婚，是丈夫在妻子死後，再娶妻子的妹妹為妻。妹妹接續姐姐做妻子，所以稱作續親。

續親之所以為許多人所喜歡，長期流行，成為一種婚俗，原目主要有以下兩方面：首先是姐妹共嫁一夫的影響。遠古時很流行姐妹共嫁一夫。後來由於社會的進步，人們的觀念開始改變，姐妹共嫁一夫逐漸失去存在的空間，可人們在心靈深處還殘存著這種意識，這就形成了姐夫有權優先娶妻妹為妻的習慣。其次是出於生活實際的考慮。男方是女方家老姑爺，經過多年交往，比較了解，小女兒嫁過去，不會出現什麼不好的情況。男方則要考慮到孩子。娶別家的女子為妻，孩子要面對不熟識的後母，後母如何對待孩子也是一個未知數。妻妹是孩子的姨母，血緣關係使她不會虐待孩子。能夠續親的男方，大多是人品較為出眾，女方則是品貌令男方滿意。

據有的學者考證，歷史上的第一例續親婚出現在春秋時期。隨後連綿不斷，傳至現代，其間頗有些故事可供賞讀。

岳母賞識女婿，願讓小女續親

《魏書．崔浩傳》載：崔浩年輕時，郭逸把女兒嫁給他。崔浩大器晚成，才華不為人識。郭逸妻子王氏，出身名門，特別賞識崔浩的才華，自認為得到一個好女婿。不久崔浩妻子去世，王氏十分傷心，主張把小女兒續親給崔浩，郭逸和親戚們都不贊成，王氏堅持續親，郭逸無法只好同意。崔浩遂娶小姨子為妻。

妻子臨死前向丈夫推薦堂妹續親

《晉書．后妃列傳》載：晉武帝為世子時，楊皇后被聘為世子妃。晉武帝即位，立楊氏為皇后，兒子為太子。後來楊皇后病重，她見晉武帝平素寵愛胡夫人，心中憂慮不安，害怕自己死後胡夫人被立為皇后，對太子不利。臨死前，她枕在晉武帝的腿上，說：「我叔父有個女兒，品貌雙全，希望皇上能把她聘娶進宮，立為皇后。」晉武帝哭泣著答應。楊皇后死後，晉武帝把楊皇后的堂妹立為皇后。

姐夫續親，對妻妹挑肥揀瘦

《青箱雜記》載：「龍圖劉公煜，未第前，趙尚書晃之長女，早亡，而趙氏猶有二妹，皆未適人。既而劉公登科，晃已捐館，夫人復欲妻之，使媒婦通意……劉公不欲七姨為匹，意欲九姨議姻故也。夫人詰之曰：『諺云：薄餅從上揭，劉郎才及第，豈得便簡點人家女。』劉公回答：『非敢有擇，但七姨骨相寒薄，非某之對，九姨乃宜匹。』遂娶九姨。」

時至今日，續親婚還偶有發生。

第三章　婚姻陋俗

納妾陋俗

妾的來源

妾，今天俗稱小老婆，但是我們在閱讀古人著作，或者觀看傳統戲曲的時候，卻會發現妾的花樣繁多的別稱，甚至會遇到妻也被稱為妾的現象。從妾的花樣繁多的別稱中，可以發現妾的歷史，婚姻制度的演變，婦女的卑下歷史地位，以及許多有趣的文化觀念和社會習俗。

妾這個名稱是怎麼來的呢？東漢劉熙《釋名》的解釋是：「妾，接也，以賤見接幸也。」東漢許慎則在《說文解字》中說：「女子有罪者為人妾。」兩位文字學家都只講了一個方面的史實，而沒有找出根源。據甲骨文及其他記載來看，在奴隸社會中，奴隸主對於戰俘及不必處死的罪犯，常常是用刺瞎眼睛、砍斷一肢或剃去頭髮等方法，把他們變為便於管束也易於識別的奴隸。妾，就是被剃了頭髮、受了黥刑的女奴，她們既要充當奴隸主會說話的工具，也會成為奴隸主的泄慾工具。於是，被奴隸主看中了的女奴，就會成為奴隸主的一種比正式妻子地位低賤而又與一般女奴有別的性偶伴。後來，妾不一定來自女奴，而是正妻以外的眾妻的俗稱，以表示與正妻有別。

隨著妾制的發展，妾還有許多別稱，常見的有：

如夫人這是由奴隸主貴族的正妻稱為夫人衍生出來的。《左傳．僖公十七年》說齊桓公「好內，多內寵，內嬖如夫人者六人」，就是指地位、待遇如同夫人的六個地位很高的妾。但在後世，文人則只是把「如夫人」當作對別人的妾的一種尊稱、美稱。《儒林外史》第二十三回的「因他第七位如夫人有病」一語，只是指大商人萬雪齋的第七個妾，沒有第七個妾如同夫人的意思。

如君春秋時期，諸侯的正妻也稱小君，漢代又有給貴族婦女加上「君」的封號的做法，因此，如君也常被當作對別人的妾的尊稱、美稱。

小妻、小婦、次妻這都是由正妻又稱大妻、主妻引申出來的。《漢書．淳于長傳》說成帝許皇后的姐姐寡居，與淳于長私通，「因取為小妻」。同書《王鳳傳》提到王鳳在正妻之外，又有「小婦」。《戰國策．秦策一》則有長妻、少妻並舉的用法。到後來，小妻、小婦、次妻都變成了口語中的「小老婆」，但在多妾之家，地位又高於他妾。

小星《詩．召南．小星》本來寫的是卑官小吏「夙夜在公」的辛勞生活，但《詩序》卻說此詩頌揚國君夫人無妒忌之心，「惠及眾妾」，《禮記》中又有把夫妻比作日月的話。後世文人把兩者連繫起來，稱妾為小星，以示文雅。

篷室、側室、外室春秋時魯國大夫孟僖子出使齊國途中，有個女子投奔了他，他收為妾，因行色匆忙，「使助郜氏之篷」，意思是把此妾臨時安置在郜氏住房旁邊的房屋裡居住，因此舊時又稱妾為篷室。又由於古代貴族住房布局一般是前有正寢，後有燕寢，燕寢兩側又有小寢，妻居燕寢，妾居小寢，所以妾又被稱為側室、偏房。至於外室，又稱外宅，是因為古代有些人因受禮制和家庭矛盾的制約，常把妾安置在家門外面居住，因而妾又有外室、外宅、外婦等名稱。

姬、美人姬本是古代對婦女的美稱，含義和「美人」、「美女」類似。古代貴族的妾，多是年輕貌美，打扮也漂亮，因而又都被用作妾的別稱。「東平王聘政君為姬」，就是指聘王政君為妾。與此相應，姬人、姬侍也都是妾的別稱。《史記．平原君列傳》「平原君美人居樓上」中的美人，就是指妾。但在漢代，美人又是皇帝、太子眾妾中一個等級的名稱。

此外，由於古代帝王及太子妃妾眾多，等級複雜，因而有著許多表示不同等級的名稱。例如，漢元帝的後宮裡，除了皇后以外，尚有昭儀、婕妤、傛華、娙娥、美人、充依、良人、八子、七子、長使、少使、五官、順常、無涓、共和、娛靈、保林、良使、夜者等十四個等級的多種名稱。太子除了正妻以外，也有良娣、美人等不同等級的妾。通常講的皇帝妃、嬪，只是對帝王眾妾的總稱。

在民間，由於歷代習俗的變異，妾又有身邊人、本事人、供過人、堂前人、接腳夫人和兩頭大等多種俗稱。

不過，在某些時代和某些特殊家庭當中，被稱為「妻」的倒是一定等級的妾，被視為「妾」的反倒是妻。例如，「天子有后，有夫人，有世婦，有嬪，有妻，有妾」中的「妻」，就是妾，而且是等級較低的妾。這是因為，天子地位高貴、特殊，他們的妻子有特殊的稱呼，被庶民稱為妻子的，在他們卻只是一種妾。至於妻也被視為妾，是因為春秋時期規定，妻子一定要按婚禮正式聘娶，如果不經正式婚禮聘娶就同居，則被認為不算合法的妻子，而只是妾，所謂「奔則為妾」，就是指未經婚聘的結合。《左傳．成公十一年》記載，魯宣公的哥哥聲伯未舉行婚禮就和妻子同居，宣公夫人穆姜就不承認這位嫂嫂，只把她看成是妾，這位嫂嫂在魯國待不下去，只好另嫁到齊國去。

由於妾的地位比正妻低賤，再加上妾還有另一種女奴婢的含義，因而在古代，妾常被當作女性自指的謙稱，不論已婚未婚的女性，都可使用這種謙稱。「為老妾語陵，謹事漢王，勿以老妾故持二心」。這裡的「老妾」，是王陵的母親自指。「妾父為吏，齊中稱其廉平」，是少女緹縈上書救父中的話，她尚未婚，自稱為妾，是下對上的一種謙詞。後來，女性對尊者、丈夫，常常以妾自稱。我們不能因為這種習慣謙稱而誤解了她們的身分。作為一種謙詞，做臣子的在國君面前，有時也稱自己已逝或尚在的母親為先妾、母妾。《戰國策》中，匡章對齊威王說的「臣非不能更葬先妾也」，先妾是指去世的母親。《陳書．沈炯傳》中，沈炯上表說，「臣母妾劉，年八十有一；臣叔母妾丘，七十有五」，是指尚在的母親和嬸母。

妾，還是一個姓，據《萬姓統譜》說，漢代就有個叫妾胥的人。這個相當罕見的姓，究竟是從祖先卑賤的僕妾地位演化而來的，還是妾這個古老地名的簡化，已無從查考。只是要注意，如果把「妾胥」理解為小老婆的辦事員，那就冤枉了古人，鬧大笑話。

妾，又是《易經》八卦中兌卦的別名（見《易．說卦傳》）。兌在八卦中位居第八，這一別名，倒可能與妾的低下地位有點關係。

妾的種種別稱，雖然各有其起源，但是，都是在有了妾這一事實以後才陸續出現的。即使是妾這個字，也是在有了妾這一事引以後才被發明出來的。那麼，妾這一事實又是怎樣起源的呢？

（一）媵——族外婚的嬗變

媵，是最早的一妻與眾妾共事一夫的婚姻方式。所謂「媵」，就是出嫁者的妹妹、姪女同時隨嫁做妾，「古代嫁女必姪娣從，謂之媵。姪，兄之子（女）；娣，女弟也。」這種婚嫁方式，是古老的群婚制蛻變。個體婚姻家庭形成的時候，男性利用自己在社會上和家庭中的特權，沿襲舊俗，娶一個妻子，同時把妻子的妹妹、姪女占為己有。古籍中記載的最早的姐妹同嫁，是堯把兩個女兒一起嫁給了舜。堯和舜都是傳說中的原始社會後期的人物，正處於從對偶婚向個體婚的過渡時期，一嫁二女與嗣後的媵還不完全相同。夏代第五個君主少康即位前做過有虞氏的庖正，同時娶了虞思的兩個女兒。這時個體婚制早已形成，兩女同嫁已經有了媵的性質，至於另外有無姪女媵陪，則無從查考。

到了殷商時期，媵嫁已很盛行。產生於殷末周初的《易經》中有下列三條爻辭：

❖ 歸妹以娣，跛能履，征吉。——《歸妹．初九》

❖ 歸妹以須，反歸以娣。——《歸妹．六三》

❖ 帝乙歸妹，其君之袂不如其娣之袂良。——《歸妹．六五》

根據朱熹的集注，這三條爻辭的意思是：

❖ 姐姐出嫁以妹妹媵陪，就像跛腳的人仍能走遠路，是吉利的。

❖ 妹妹隨同姐姐出嫁，姐姐因為不如妹妹，反而被當作媵陪遣送回來。

❖ 帝乙嫁女兒，姐姐的嫁衣不如妹妹的嫁衣漂亮。

帝乙是殷代倒數第二位君主，紂的父親。國君之貴，嫁女也要媵陪；而且認為，姐嫁妹媵，如同跛腳的人能走遠路，是好事。可見當時媵已制度化，並認為是有益的。《易經》中的爻辭，是周文王所作，他曾為紂臣，材料應當可靠。再對照早於帝乙的甲骨文中，「諸婦」、「眾婦」之語頗多，更可推知，當時的媵已經制度化。

西周時期，媵的習俗不但更加盛行，媵的數量也更多了。《詩．大雅．韓奕》描寫韓侯迎娶妻子的情景是：「百輛彭彭，八鸞鏘鏘，不顯其光。諸娣從之，祁祁如雲；韓侯顧之，爛其盈門。」「祁祁」，是眾多的意思，隨嫁的諸娣（可能也包括諸姪女）竟然像一大片彩雲，數量必然不少。

媵，在春秋時期仍然是貴族嫁娶的普遍現象。東周初年，齊國的莊姜嫁給衛莊公，「庶姜孽孽」，一大群身材修長的姪女、妹妹隨同嫁給衛莊公。西元前五六一年，周靈王派人到齊國求聘王后，齊靈公不知應對禮儀，老臣晏桓子解釋說，先王禮制規定這樣回答：「夫婦（指諸侯本人及其嫡妻）所生若而（若干）人，妾婦之子（女）若而人。

無女而有姐妹及姑姐妹，則曰：先守（指諸侯的父祖）某公之遺女若而人。」又據《左傳．昭公三年》記載，晉平公所娶齊女少姜去世，齊景公為了密切與晉國的關係，主動派晏嬰到晉國，請求晉平公仍從齊國聘娶繼室，晏嬰說：「齊景公「猶有先君之適及遺姑姐妹若而人……以備嬪嬙。」此語與對周靈王使者的回答幾乎完全一樣。天子選后，諸侯聘妻，女方顯然不能以低賤的「妾之子」和嫡女一起供對方選擇，而是指所媵的數量。

媵，也包括女方同姓國家的姪娣。《公羊傳．莊公十八年》說：「媵者何？諸侯娶一國，則二國往媵之，以姪娣從。」這與當時的史實完全相符，如魯國伯姬嫁給宋共公，除本國姪娣外，衛、晉兩個與魯同姓的國家也送女媵陪。有時，異姓國也送女媵陪，如魯襄公二十三年，「晉將嫁女於吳，齊侯使折歸父媵之。」《左傳》中關於媵的記載頗多，但異姓之媵，僅有二例，可能情況特殊，史官特地記載下來。

大夫娶妻，也有女方姪娣及同姓國媵陪的記載。如魯國臧宣叔，妻子生了兩個兒子後死了，他就以妻子的姪女為繼室，從史料推算，這個繼室是由媵升格，而非繼娶。《春秋．莊公十八年》「公子結媵陳人之婦於鄄」這句話表明，大夫娶妻也有同姓國媵陪。過去，史家們說大夫娶妻有媵是特例，恐怕不是。《禮記．喪服大記》有「大夫撫室老（嫡妻），撫姪娣」的話，《儀禮．士昏禮》則有「雖無娣，媵先」的禮。這都表明，大夫娶妻有姪娣媵陪，是常見的，不然就會被視為非禮，而不會當作常禮規定下來。

媵的人數有無限定？《公羊傳》、《春秋繁露．爵國》和《白虎通．嫁娶》都說，古代天子一娶十二女；諸侯一娶九女；大夫一妻二妾，功成受封者可有八妾；士一妻一妾，庶人有妻無妾。看來媵的數量因娶妻者的身分而異。不過，天子、諸侯都並非終生一娶，每娶的媵，也不都受上述數目限制。齊桓公有三個夫人，六個如夫人，妾更達數百人之多。這麼多妾自然不都來自媵，媵的總數卻不會少。晉公子重耳出亡前已有妻妾，到了狄，狄人把一對姐妹同時嫁給他，他只要了一個。他到齊國，又娶了齊姜並有妾。入秦後又一次納了五名秦女。他回國即位後，確定諸妻的班次，共有九人，妾尚未計算在內。

媵，並非新娘的所有妹妹和姪女都要隨嫁。從春秋時代的實例看，妹做姐媵的有好幾起，如魯哀公從齊國娶的哀姜和叔姜，就是妹為姐媵；魯國權臣穆伯從莒國娶戴己時，同時以戴己的妹妹聲己為媵。但在多數情況下，嫡出的姐妹是分別嫁人，各以庶出的妹妹、姪女為媵。如陳桓公的大女兒嫁給蔡侯為夫人，二女兒則許嫁給息侯。衛公子昭伯和庶母宣姜所生的兩個女兒，分別嫁給了宋文公和許穆公，後者史稱許穆夫人，是中國歷史上有姓名可查的第一位女詩人，《詩．鄘風》中的《載馳》，就是她的作品。媵有嫡庶之別，原因何在？至今尚無定論，大約嫡妹做媵，是古老群婚制殘餘的延續。從周代起，宗法制形成，嫡庶之別開始分明起來，形成嫡嫁庶媵的習俗，但古老的姐妹同嫁習俗並未完全消亡，於是出現了嫡媵與庶媵並存的現象。但是，兩者又有差別。嫡妹為媵，從前面提到的材料看，都是小國嫁往大國，具有以小事大的討好意味。嫡嫁庶媵，則表現為婚嫁雙方分庭抗禮的對等地位。另外，嫡媵和庶媵，在夫家的地位也有差別，一般是前者高於後者，前者可能變為繼室，甚至並立為夫人，後者則難有這種幸運。當然，不論是嫡媵還是庶媵，從本來意義上說，既是新娘的伴侍，又有代嫡妻伴侍丈夫的義務，因為照《禮記》的說法，嫡妻每月伴宿丈夫的日數，有嚴格限制。至於媵妾與其他來源的妾的區別，除嫡媵外，主要是由丈夫的喜愛程度而分高下了。

媵，一般還有稱為「媵臣」的男性奴僕。這和媵的起源也很早，據《史記．殷本紀》說，殷商開國名相伊尹，就是有莘氏之女嫁給商湯時的媵臣。幫助秦穆公建立霸業的百里奚，也曾經當過媵臣。媵臣的數量有時很多，如《詩．衛風．碩人》中的「庶士有去朅」，就是指的作為宣姜媵臣的一批魁梧的武士。

到了戰國時期，本來婚嫁必不可少的媵，忽然不見記載，即使是權貴娶妻，女方也不再「以姪娣從」了。這是婚制和妾制的一大變化。至於一直到近代仍然屢見不鮮的「姐妹同嫁」及陪嫁丫頭，雖然不能說沒有古老的媵的殘跡，但畢竟和媵不是一回事了。

(二) 劫奪——強權者納妾的重要途徑

在舊社會，中國人把「搶妻之恨」和「殺父之仇」一起，視為人生的深仇大恨，不報此仇，不雪此恨，就不算血性男兒，也為世人所不齒。其實，在群婚制時期，搶婚是一種流行習俗，個體婚制確立以後，劫奪婦女，仍然是妻妾的重要來源之一。《易經》中有這樣幾條爻辭：

❖ 頓如如，乘馬班如。匪寇，婚媾。——《屯．六二》

❖ 賁如皤如，白馬翰如。匪寇，婚媾。——《賁．六四》

❖ 睽孤，見豕負塗，載鬼一車。先張之弧，後說（脫）之弧。匪寇，婚媾。——《睽．上九》

騎馬迎親的隊伍欲進又退，會被誤認為是一幫強盜；迎親隊伍策馬飛奔，也會被誤認為是一幫強盜；迎親的車輛遇到大雨，車上人濺了一身泥，又會被誤認為是一幫裝鬼的強盜，以致險遭冷箭。婚嫁吉日產生這種種誤會，必然和搶婚的盛行有極大關係。

遠在《易經》以前，已有搶妻奪妾的不少記載。羿奪占了夏代第四個君主的王位後，寒浞又殺了羿，並奪占了羿的妻妾。夏桀攻打有施氏，有施人把美女獻給夏桀做妾，作為求和的條件。這兩起個體婚制確立後不太久的搶婚事件，一是個人武力劫奪，一是大規模武力的「副產品」，實際上代表了早期搶妻奪妾的兩種基本方式，一直為後世的權勢者所沿用。

個人以武力搶奪婦女做妾，春秋以前的典籍中少見記載，這可能是因為，對於奴隸主來說，既然擁有對他的臣僕、奴隸包括人身在內的一切權力，個別地搶掠婦女做妾，就是一種很平常的事情，不會引起史官的注意。春秋時代被記載下來的此類行徑，實際上也都是因為和國家大事有著直接或間接的關係。儘管如此，仍然可以看出劫奪者竟是那伴毫無顧忌。

宋國太宰華父督，路遇司馬孔父嘉的妻子，對她的美貌非常吃驚，盯著看個不停。不久，華父督公然帶著家將闖入司馬府，殺死孔父嘉，把孔父嘉的妻子劫去做妾。宋殤公對孔父嘉的被殺很生氣，華父督父殺死宋殤公，另立國君。齊懿公當太子時，發現小民閻職的妻子漂亮，就奪占為妾，並讓閻職為自己駕車，進行侮辱（《左傳．文公十八年》）。魯莊公從宮中的高臺上發現黨氏家的姑娘漂亮，雖然姑娘已有婆家，卻仍被搶去做妾。楚國公子圍身居令尹高位，發現大司馬的妻妾比自己的漂亮，就殺了大司馬，把死者的妻妾和家財全部占為己有。這比華父督更加肆無忌憚。

和上述事件相比，鄭國公孫黑搶奪族弟公孫楚的妻子，更可以看出權勢者肆無忌憚地搶妻奪妾，實際上是對奴隸主法律的保護。公孫楚聘定了徐吾犯的妹妹，公孫黑聽說徐家姑娘美麗出眾，就仗著自己是族兄，又是上大夫，也派人硬送聘禮。徐吾犯很為難，求執政子產作主。子產說，「讓你妹妹自己挑選。」結果，姑娘仍然挑選了公孫楚。但成婚不久，公孫黑就內披盔甲，外罩禮服，假裝祝賀，上門搶人，結果被公孫楚打出了大門。事情又鬧到子產那裡，子產說：「兩人都有錯，但公孫楚的錯誤更大，因為公孫黑是上大夫，又是族兄，傷害他就是賤犯貴，幼凌長；在大街上傷人，更是違犯國法。」結果，公孫楚被放逐到遙遠的吳國，搶人的公孫黑卻不受任何處置。原來，觸犯貴賤、長幼、上下有別的森嚴的等級制度，對奴隸主來說，比公然劫掠他人妻妾的行為更加嚴重。這就難怪，前述貴者搶奪賤者妻妾的事件，沒有一個受到過懲罰，只是因為這些搶奪者後來與重大政治事件有關，才被追記下來。

因此，貴者、長者憑著權勢霸占賤者、幼者的妻女為妾，也就成為奪占妻妾的一種常見方式。衛宣公為兒子急子娶了個齊國姑娘，新娘來到衛國，宣公發現很漂亮，立即把新娘占為自己的妾。蔡景公為兒子從楚國娶來個妻子，先是上演扒灰醜劇，後來公然把兒媳變為自己的妾。兒子一怒之下，把景公殺死。楚平王也是一路貨色，他為了改善與秦國的關係，親自決定讓太子建娶個秦國妻子。新娘子迎到半路，他聽說新娘很美，就徑直接入自己的後宮做妾。他為了防止蔡景公扒灰被殺的醜史在自己身上重演，就以加強邊防為名，把太子建安置在遙遠的邊城。

國君能夠霸占兒媳，哥哥就可以奪占弟妻。魯國穆伯已在莒國娶了姐妹二人，長妻病死，穆伯又要從莒國再娶繼室。莒國拒絕，穆伯耍了個花腔，說是為族弟聘娶。不久，穆伯到莒國會盟，順便迎娶弟媳，卻在半路上占為己妾。族弟大怒，揚言要聯合莒國攻打穆伯。魯昭公擔心引起兩國的戰爭，讓穆伯把此女還給族弟而了事。

在奴隸社會，「人有十等」，「王臣公，公臣大夫，大夫臣士，士臣皂，皂臣輿，輿臣隸，隸臣僚，僚臣僕，僕臣臺。」臺還可以臣子弟。上臣下，下事上，是奴隸制社會的根本法則，下者的一切都隸屬於上者，奪占下者妻妾，也就是必然的社會現象。

（三）奔——不按禮法成婚的女性就是妾

一夫一妻制的婚姻正式確立以後，也逐漸形成了一整套婚嫁禮儀。男婚女嫁，必須「父母之命」、「媒妁之言」，並且要舉行從訂婚到結婚的一整套繁瑣儀式。這對於保護剛剛形成的個體婚制及防止性混亂確有一定的積極意義，但是，經媒妁之言由父母一手包辦的婚姻，注重的是婚姻雙方家庭的利益，並不關心婚姻當事人的意願，更談不到有什麼情感基礎。即使這樣的婚姻，也遠非所有的家長都有能力包辦得成功。但是，只有符合婚嫁禮儀的兩性結合，才會被認為是合法夫妻。不然的話，即使男女雙方真誠相愛的自願結合，社會也不會承認他們是夫妻，而只會被當作違法違禮的「淫奔」、「野合」。《禮記．內則》明確規定，「奔則為妾」。男性有過「淫奔」、「野合」的浪史，仍可依禮娶妻；已有妻子再與人「淫奔」、「野合」，只是多獲得一個妾，不會失去做丈夫的地位。女性就不同了，一旦被視為「淫奔」、「野合」，不管男方有沒有妻子，都只能是個妾。魯國泉丘的一個姑娘，做了個夢，用帷幕覆蓋了魯國大貴族孟氏的祖廟，認為這是改變窮苦命運的吉兆，就帶了個女伴，一起「奔」向恰恰路經泉丘的孟僖子，把夢中的事說了，要求孟僖子收留，並要求孟僖子答應，如果為他生了兒子，就絕不能拋棄她們。孟僖子自然求之不得，把她們安置在一處簡易房子裡做外室，就上路了。後來直到兒子長大成人，才又想起了她們。孟氏以此子為嗣，泉丘女卻沒有真正改變命運。楚平王作為公子的時候逃居蔡國，守邊小官的女兒出於同情，熱情照料他的生活，這位落難公子感激涕零，兩人結為夫妻。後楚國局勢變化，這位公子被迎回當了國王，雖然把兒子帶回當太子，太子的母親卻因結婚時未行婚禮，只能留在邊境做守活寡的妾。

有的人得到「奔」妾之後，為了某種需要，卻也會把「奔」妾公開帶回家。魯國大夫穆子被族人驅逐，逃到庚宗，有個女子主動接待了他，供食伴宿。穆子到了齊國，處境好了，就在齊國正式娶妻，把庚宗女子丟在腦後。後來，穆子被召回國，他又拋棄齊女，讓她另嫁他人。這時，庚宗女子帶著已長成少年的兒子去見穆子。穆子聽這個從未見過面的兒子說話像牛叫的聲音，想起曾做過一個遇難時只有牛才能搭救的奇夢，於是把這母子收留下來，但庚宗女子只能做賤妾，「牛」也只能像個家奴頭目似的幫助處理雜務。個別人結局稍好一些。楚國貴族鬭伯比，隨不容於正室的母親移居鄖國，和鄖子的女兒相愛同居，生下個虎頭虎腦的兒子，就取名鬭穀於菟（楚方言，稱虎為於菟）。因為婚姻不被男方家長承認，鄖女雖是「正室」，卻只能做妾。直到兒子後來成為楚國名相，即令尹子文，鄖女才成了太夫人。

但是，按貴族的常規，「奔」女即使已是事實上的正妻，仍然被視為妾。魯宣公的哥哥叔腫，沒經過婚聘就和一個姑娘結合，並作為正妻。但是控制著朝政的宣公夫人卻公開宣稱，絕不能把一個姘婦當作嫂嫂。這位不被承認的嫂嫂只好拋下幼兒聲伯，輾轉再嫁到齊國去。

這種歧視，也曾落到儒家創始人孔子頭上。孔子的父親叔梁紇是個沒落貴族，當妻子連生九個女兒後，又納了一妾。妾雖生了個兒子，卻是個跛腳，難做繼嗣。叔梁紇求嗣心切，年近七十，又與少女顏徵在「野合」（即未婚同居），生下孔子不久就去世了。顏徵在死時，由於身分不正，孔子也無法安排她與父親合葬。孔子由於是「野合」的結晶，成名前一直受人歧視，大貴族季氏大宴賓客，孔子去參加，被趕出大門。孔子自己曾講「吾少也賤」，不獨因為家門沒落貧窮，還因為他是「野合」而生，如同私生子。後世的許多孔門學者，對司馬遷孔子「野合而生」的史筆大為惱火，有的編造說叔梁紇與顏氏是正式婚聘，有的說過了「陽道絕」的年齡再婚稱野合。

事實上，所謂「淫奔」、「野合」，在春秋時代，倒是一種與「無媒不婚」的禮法並行的古老遺俗。《詩經》中就有不少抒寫男女未經媒妁之言就談情說愛的詩篇，《鄭風·溱洧》中男女借踏青私會的描寫，和今天一些兄弟民族的「三月三」之類節日頗為相似。就連儒家經典《周禮》，在規定男婚女嫁必須官媒主持的同時，又網開一面，允許過了婚時而無能力依禮成婚的人自行結合，這表明「無禮」而婚者必然不少。「刑不上大夫，禮不下庶人。」庶人男性難有蓄妾條件，「禮」也規定他們不能有妾，這樣，庶人的「淫奔」、「野合」，都是妻而非妾了。只有靠禮維持等級特權的貴族，才需要也有可能把禮聘為妻、奔則為妾區分得清清楚楚。

（四）買和贈——妾很早就是商品和贈品

隨著私有制的形成，商品交換也開始活躍，男女奴隸作為一種私有財產，也就必然會被當作商品進行交換。妻需依禮聘娶（聘禮本身也是一種變相的或者說禮儀化了的買賣），妾則可以隨意買賣。《禮記》中多次提到「買妾不知其姓則卜」其吉凶的古老習俗。以媵得妾只是高級貴族的特權，搶奪往往有後患之虞，「奔女」則非隨時都有，人人可遇，買就成為最通常的獲妾方式。「禮」允許買妾，更可見這一方式的合理與常見。《淮南子·道應訓》記載了這樣一件事：魯國法律規定，誰能把散落在各國做妾的婦女贖回國，可到官府領賞，孔子富有的大弟子子貢贖回不少魯女，卻不肯去領賞。孔子對子貢的這種不愛財大為不滿，他說：「國家的窮人太多，你不肯領賞，今後就無人再肯幹這種善事了」。政府特地立法獎勵人們去贖在國外做妾的人，可知在外做妾者頗多。禮儀之邦魯國如此，其他國家在外做妾者必然也不會少了。

由於妾的買賣合法，因而就有大批人乾這種買賣，以致形成公開的拍賣婦女的市場，被賣者「以綠巾裹頭，以別貴賤」，按等級論價。據說「戴綠帽子」這一罵人用語就起源於此。戰國時期，買賣婦女的市場又花樣翻新，準備出賣的婢妾，像畜生一樣排列在用欄杆圍著的土臺上，任人挑選。賣主為了得高價，把平時衣不蔽體受盡虐待的婢妾，打扮得漂漂亮亮，甚至給穿上綢緞衣服，以吸引買主。

由於美女可賣大價錢，有的諸侯國甚至利用拍賣宮室美妾，解決財政困難。據《戰國策．韓策三》記載，韓國統治者為了與強大的西鄰秦國改善關係，決定用重金討好秦國。但韓國很窮，拿不出重金，於是決定高價拍賣宮中美女，「美人之價貴，諸侯不能買，故秦買之三千金」。韓國「以其金事秦，秦反得其金與韓之美人」。這種美人、重金雙失的求和辦法自然可笑，但卻表明當時買賣妾婢之風必然極盛。有些大商人，就借此為做官搭橋，做起一本萬利的買賣來。陽翟大商人呂不韋，用重金幫助在趙國當人質的秦國庶公子異人取得了王位繼承權，又把重金買來的美妾贈給異人進一步結好，從而為自己當秦國丞相鋪平了道路。

正由於妾的買賣是人們熟知的社會現象，一些策士說客們在分析國家大事時，常常用買賣侍妾做比喻，打動厭煩枯燥大道理的國君。楚國謀士陳軫到秦國求官，秦惠王認為陳軫曾忠心為楚國做事，來秦必有別圖，不信任他。陳軫就說：「昔者子胥忠其君，天下皆欲以為臣。孝己愛其親，天下皆欲以為子。故賣僕妾不出裡巷而取者，良僕妾也；出婦嫁於鄉里者，善婦也。」意思是忠臣做誰的臣子，就會忠於誰。另一次，陳軫又用同樣的比喻表白自己的忠誠。兩次比喻，打消了秦惠王的疑慮。秦將王稽圍邯鄲，久攻不下，有個謀士問他為何不用重賞鼓勵士氣，王稽不耐煩地說，一切聽秦王的，你不要多嘴。謀士就說：將在外，君命有所不受。比如說：兒子應該服從父親，父親命兒子「去貴妻，賣愛妾」，兒子卻不一定照辦；然而，守閭門的老嫗說一句「某夕，某孺子納某士」，這根本不是命令，卻會「貴妻已去，愛妾已賣」。這些來自生活的比喻，說明妾的買賣不但是常事，而且可以很自由地隨時買賣。

可以買賣的並非是妾，依禮娶的妻，丈夫為保自己，也會出賣。孟嘗君使楚，楚王送給他一張昂貴的象牙床，派登徒護送。登徒覺得像牙床值千金，路上如有損壞，「賣妻子不足償之」，就重賄齊使，免去了這件苦差使。這自然是特殊情況。不停的戰亂，卻常逼得眾多百姓賣妻拋子。魏國與秦國連年戰爭，造成魏國「百姓不聊生，族類離散，流亡為臣妾，滿海內矣」。這種「滿海內」的「流亡為臣妾」的慘景表明，即使不一定是個個丈夫都賣妻子，賣妻的丈夫卻絕不會少了。

贈妾和獻女為人做妾，也是妾的一種來源，而且起源很早。殷代和西周的金文中，有不少君主賞賜下屬妾婢及奴隸主互贈妾的記載。這些賜、贈的妾，自然不會都只當作勞動力使用。贈美妾，獻美女，更是打動對方的重要手段，個人之間使用，國與國之間也使用。魏襄王為了加強與楚國的聯盟關係，特地選了絕色美女，送給楚懷王做妾。秦武王為了安撫西戎，以便集中力量對付山東諸侯國，一次就送給西戎首領一百名美女。夏戊看準衛出君貪色，把自己漂亮的女兒獻給衛出君，衛出君得此美妾，就讓夏戊及其幾個兒子都當了大官。趙國人李園得知楚考烈王妃妾眾多卻都不生育而發愁，斷定考烈王無生育能力，就先把妹妹獻給春申君，妹妹懷孕，又轉獻給考烈王，生出兒子後，李園兄妹貴盛一時。燕太子丹為了使刺客荊軻死心塌地地為他的刺殺秦王的計劃賣命，特封荊軻為上卿，「間進車騎美女，恣荊軻所欲。」美妾又成為收買人心的重要手段。

（五）同嫁與陪嫁——媵的延續與變化

媵，戰國時已經停止，但它的變相形式卻長期存在，這主要表現為姐妹同嫁和丫鬟陪嫁。後一種，人們也常借用古語，稱之為媵，《新唐書．李迥秀傳》中的「妻嘗詈媵婢」，就是指罵陪嫁丫鬟。

姐妹同嫁一夫，歷代都有，具體形式有好幾種，有的同時嫁給一夫，有的是先後嫁於一夫，這當中又有共事一夫與姐死妹為「填房」兩種。「填房」既非同時事一夫，又不形成妻妾之別，故此處不論。

姐妹同嫁，見於正式記載的，多是皇帝或皇子們的妃妾。漢景帝為太子時，有個叫臧兒的老婦，本是楚漢相爭時燕王臧荼的孫女，臧荼兵敗被殺，她淪落為平民，先後兩次嫁人，與前夫所生的兩個女兒，也都已結婚生子。臧兒念念不忘自己的貴族出身，不甘於平民生活，就把重新富貴的夢想寄託在兩個天仙似的女兒身上。她找人算命，得到「兩女皆當貴」的吉兆，便找門路先把小女兒獻入太子宮中，此女深受太子喜愛；臧兒又把大女兒從夫家奪回，又熟門熟路地獻給太子。這個大女兒後來懷孕時「夢日入懷」，又在七月初七這個巧日子生下個兒子，更受太子寵愛。太子當了皇帝，此女就成了皇后，她妹妹也成為高級妃子。這個太子，就是後來的漢武帝，其生母又變成太后。由於這些特殊「貢獻」，臧兒被封為平原君，前夫後夫都追封列侯，與兩個丈夫所生的兒子也都高官封侯。臧兒因連獻兩女而換得的數門富貴，很多人看得眼熱，紛紛仿效，對後來的裙帶政治、外戚專權起了很壞的影響。

漢成帝的皇后趙飛燕和趙昭儀，也是姐妹二人，她們出身低賤，只因長得漂亮，能歌善舞，被成帝看上了，深加寵愛，和臧兒主動獻女不同。成帝荒淫無度，中年早喪，沒有子嗣，趙氏姐妹失去靠山，朝中爭權激烈，把趙氏姐妹當作「禍水」頂罪，有失公平。

東漢的馬、竇、閻、梁等數代皇后，都是姐妹或姑姪先後入宮同事一帝，後三者都是靠父兄權勢當了皇后，從而形成多次外戚專權的政局。

曹操挾天子以令諸侯，為了沖淡不利輿論，並進一步控制漢獻帝，把三個女兒同時獻上做貴人。獻帝有疑忌，不肯理睬曹氏三女，曹操就以謀叛罪殺死獻帝的伏皇后、皇后父、兄及宗族數百人，獻帝只好屈服，以曹氏中女為皇后。這是以同嫁配合奪權的一個典型。不過，當曹丕貶漢獻帝為山陽公自己稱帝時，這位曹皇后卻心向劉家，把哥哥曹丕大罵了一通。庸懦的漢獻帝則與曹皇后不同，為了苟全性命，曹丕稱帝不久，就把自己兩個女兒獻給曹丕。

北魏世祖拓跋燾平定夏國，把夏主的三個女兒同時納為妃妾，後來姐姐當了皇后。遼道宗的蕭妃，因一直未生兒子，就讓已婚生子的妹妹離婚入宮伴駕，透過妹妹生子鞏固自己的地位。

元代採取多后制，其中不少是姐妹，如元世祖的也速乾皇后、也遂皇后，元武帝的慈宣惠聖皇后和速哥失裡皇后。泰定帝的兩個寵妃則都是兗王買住罕的女兒。

明嘉靖年間又出了一件奇事，河南小鄉紳李拱宸為求富貴，主動把女兒獻入後宮，過了十多年，李拱宸死，他兒子又把幼妹獻入皇宮。這對姐妹只是低級妃妾，李家並未因此而富貴，但鄉引們卻對李家相當敬畏。

清代只在滿族貴族中選妃，姐妹、姑姪同時或先後被選入宮者不少。光緒帝的珍妃和瑾妃就是一對姐妹。袁世凱有妻妾十六人，其中有姐妹，也有姑姪。袁世凱企圖復辟稱帝，眾妻妾為爭后妃位置大吵大鬧，其中的姐妹姑姪也爭得不可開交。

以上事例，反映了同嫁入皇宮的不同緣由。

在民間，姐妹同嫁也不罕見，只因他們身在下層，文人們只是偶作趣聞收入筆底。從蒐集的部分省區近代民俗資料來看，民間姐妹同嫁的原因，和帝王選、掠「雙美」、獻女入宮有很大的不同，大致有下述幾種情況：

❖ 女方父兄俱亡，家貧無依，已嫁的姐姐把妹妹攜往夫家撫養，有的久而變為同嫁，並形同妻妾。

❖ 夫家稍有財產，丈夫生活放蕩，妻子擔心丈夫納妾而受冷落，便把妹妹拉去做妾，企圖姐妹一起管住丈夫。

❖ 姐姐嫁後早逝，丟下孤兒，丈夫擔心繼室難容，岳家也不忍孤兒受虐，便用死者的妹妹繼嫁，但這不是妾。

這些起因，都是小私有者的善良願望。但姐妹既變為妻與妾，便有矛盾，以致親姐妹反目成仇，給後人留下深刻教訓。

至於以丫鬟、伴娘陪嫁，幾乎一直是權貴之門及小康之家的正常嫁女方式。陪嫁的丫鬟伴娘，數量常常很多。《三國魏志．武帝紀》裴注引《傅子》說，曹操痛恨嫁娶的豪奢習俗，因而他嫁女從簡，「從婢不過十人」。從簡者尚且如此，豪奢者可想而知。事實上，權貴豪富之家，總是喜歡用陪嫁僕婢眾多進行炫耀。武則天的女兒太平公主、中宗的女兒安樂公主，婚後都是僕婢上千，其中很大一部分是陪嫁的。《紅樓夢》中的賈母，邢、王二夫人，幾位少夫人，都有不少從娘家帶來的陪嫁丫頭。薛寶釵和賈寶玉成婚，嫌自己的丫頭不夠，又把剛嚥氣的林黛玉的丫頭雪雁拉去陪嫁。陪嫁丫頭、伴娘中，年輕漂亮而又機靈的，往往變成了妾。《清稗類鈔．婚俗類》也說，直到清末，不少地方的小康之家嫁女，都要設法弄個丫鬟或伴娘陪嫁，陪嫁者後來十之八九都變成了姑爺的妾。戊戌變法領導人梁啟超違背廢妾主張所納的一妾，就是他夫人從娘家帶來的小丫頭。

以陪嫁婢女做妾，實際上各有不同的心態與期望。做妻子的把陪嫁丫頭視為娘家帶來的貼心人，讓她們做妾，既可幫助自己約束丈夫，又因原有的丫頭身分而容易使喚，比外納的妾要放心。就丫頭來說，被當作妾，雖然難以丟掉奴僕身分，卻已變為半是奴僕，半是主人，身價有了改善。對於做丈夫的來說，丫鬟做妾，不但增加了合法的縱慾工具，又省卻了從外面買妾的花費，也樂而為之。因此，由陪嫁而變為妻妾並占，就成為一種習用的納妾方式。

（六）掠奪方式依然盛行

封建社會雖然從總體上說，比奴隸制社會是進步文明了，但是奴隸制社會的任何野蠻與落後，封建時代的權勢者只要認為有用，就會毫不猶豫地沿襲繼承，掠奪妻妾，就是一例。封建社會，尤其是封建社會的前、中期，掠奪妻妾規模之大，行為之頻繁，和奴隸制社會相比，都是有過之而無不及。

能夠大規模掠奪妻妾的，自然是君臨天下的帝王以及其他獨霸一方的權勢者。帝王掠奪妃妾，歷代正史都有記載，這裡是幾個有名的事例：

秦始皇攻滅六國，原六國後宮中的美女，包括一些六國貴族的妾女，幾乎全都被他掠進自己的後宮。

西漢末年，混入農民起義軍的劉玄，剛進入長安稱帝，就把王莽的一百二十名侍妾和眾多宮女全部據為己有。

曹操為了鼓勵士氣，曾下令地方官，把各地的寡婦們全都配給將官做妾和士兵當妻，有些地方官為了邀功請賞，就乘機大量掠占有夫之婦和未婚之女為妾。杜畿呈送的是真正寡婦，數量比別人少，反而受到斥責。

十六國和南北朝時期，權勢者掠奪妃妾之風更盛。南匈奴滅晉，晉室的妃嬪宮女，達官妾女，成了重要劫掠對象，並按功勞大小分占，晉惠帝羊皇后，就被劉曜奪占。符堅滅前燕，奪占燕王的女兒。整個北朝，不論是北魏，還是北齊、北周，妃妾的重要來源就是掠奪。

至於個別奪占，更是權貴們的拿手好戲。劉邦每次消滅一股敵人，都要占有失敗者的侍妾，他的薄姬、管夫人等都是這樣擄掠的。曹操在軍閥混戰中也多次掠奪侍妾，迎獻帝，他乘機奪占了何晏之母；戰張繡，奪占了張繡叔父的美妾；攻呂布，他不顧關羽的請求，把秦宜祿的妻子占為己有；滅袁紹，他本想奪占袁紹的兒媳甄氏，但被曹丕先奪到手，他仍宣稱，這一仗就是為了這個美女。孫皓一怒之下殺了張美人，後聽說張美人的姐姐也很漂亮，但已嫁人，孫皓就殺了此女的丈夫，把她奪入後宮。楊廣率兵滅陳，對陳後主的張貴妃和孔貴嬪，雖早垂涎三尺，由於眾將的壓力，他只好違心地處死，但他又把陳後主的沈皇后及不少美妾占為己有，直到他以皇帝（隋煬帝）的身分游江都，沈皇后仍是隨侍的妃妾之一。

宋太祖滅後蜀，後蜀主的寵妃花蕊夫人就成為宋太祖的寵妃。有些人責備花蕊夫人身事二君，她悲憤地寫詩說：「君王城頭豎降旗，妾在深宮哪得知。二十萬人齊解甲，寧無一個是男兒？」宋太宗滅南唐，李後主投降，他的小周后和妹妹李昭儀，都被擄進宋太宗後宮，宋人還專門畫了宋太宗幸小周后的圖畫。

金海陵王完顏亮以荒淫著稱，掠奪美女也極兇殘。他的妃子貴哥，本已有夫，因受到滅族的威脅，她才殺夫自獻；海陵王的另一妃子右哥，則是逼令右哥的丈夫獻上的，元太祖的也速乾皇后，是攻滅四部塔塔兒時奪占的；旋又聽說也速乾已嫁的姐姐更漂亮，又殺了此女的丈夫，占為己有。元兵入占中原，從高官大將到下層士兵，未曾掠奪民間妻女做妻當妾者倒是少數。

相比之下，明清兩代統治者大規模劫奪妃妾的現象比以前少了，但少不等於無。明太祖平天下，以不占敵手之妾為榮，滅陳友諒時，仍然納了陳的一妾以示凌辱。大將軍藍玉的眾多罪名之一，就是奸占元室妃嬪，而不上獻朝廷。清代乾隆的香妃，是平定新疆回部叛亂的戰利品。「衝冠一怒為紅顏」，吳梅村的《圓圓曲》雖然把吳三桂引清兵入關的原因簡單化了，但李自成的名將劉宗敏奪占吳三桂的寵妾陳圓圓，確實也是吳三桂降清的動因之一。

那麼，民間的情形又怎樣呢？由於非國家大事，正史很少記載，但從完整保存下來的唐到清的各代法律來看，每一代的法律都有奪占妻妾的專門條款，而且多半處罰極重。如《大明律》規定，「凡豪勢之人，強奪良家妻女，奸占為妻妾者，絞。」該律的補充條例又規定，「凡強奪良人妻女賣與他人為妻妾及投獻王府並勛戚之家者，俱比照強奪良家妻女奸占為妻者絞罪。」《大清律》幾乎全文照抄了上述內容。這足以表明，「豪勢之人」奪占良人妻女為妾的現象極為猖狂，也極常見，不然沒有必要專門設置這樣的條款。

「民間」的這類暴行，歷代文學作品中常有極生動的反映。元雜劇《生金閣》中的龐衙內，竟在光天化日之下，殺了秀才郭成，奪占了郭的妻子。《竇娥冤》中的下層無賴張驢兒和他父親，竟然也敢上門奪占債主蔡婆婆及其寡媳竇娥。在《水滸傳》中，高衙內竟在大庭廣眾之下調戲並企圖奪占林沖的妻子，奪占未成，又由其父設下「白虎堂」冤案，害得林沖妻死家破。那個開肉店的鄭屠，也可以仗著一點點財勢，霸占流落他鄉的金翠蓮做外室。開生藥鋪的西門慶，在與潘金蓮勾搭成奸之後，又與潘合謀，殺死潘的丈夫武大，將潘霸占為妾。《金瓶梅》中的西門慶，不僅先後奪、騙了潘金蓮、孟玉樓、李瓶兒等好幾個妾及後二者的家產，而且宣稱，「就是強姦了嫦娥，和奸了織女，拐了許飛瓊，盜了西王母的女兒，也不減我潑天富貴」。《紅樓夢》中的香菱，自幼即被拐騙，她長成少女後，拐騙犯同時把她賣給馮淵和薛蟠做妾。薛蟠為了把香菱奪到手，竟派人把馮淵活活打死。應天知府賈雨村得知薛蟠是金陵四大家族之一的薛家公子，就一手把這一人命案弄虛作假，讓薛蟠逍遙赴京。在眾多的世情戲曲和小說中，尤其是公案戲和公案小說中，幾乎都有一個或幾個公然搶奪、霸占他人妻女為妾的衙內或西門慶、薛蟠式人物。這類作品當中，自然有不少虛構成分，照搬照套的類型化人物，但和驚心動魄的現實相比，搶奪、霸占妻妾的罪惡事實，不是被虛構得太過分，搬套得失實，而是被約略化了。

（七）籍沒從未間斷

籍沒，是對罪犯家產清查登記予以沒收，妾僕如同財物，因而也在籍沒之列。歷代封建王朝都把籍沒當作鎮壓叛亂者及其他重罪犯人的重要手段。罪犯的妻妾兒女被籍沒入官府，就成為官奴婢，其中年輕漂亮或有歌舞技藝者，往往要直接充噹噹權者的侍妾或樂伎舞女，也常被當作禮物贈送功臣，甚至送到市場拍賣，因而成為妾的重要來源。

南北朝時期，尤其北朝，犯罪官員的妻妾女兒被籍沒再被賜給他人做妻妾者甚多。北朝的名門世族，門第高貴，連皇族都很難與他們通婚，他們一旦犯罪，妻妾沒官，暴貴者以能得賞妻妾為殊榮，就連一些親王的妃妾，也有許多是從沒入掖庭的名門妻妾和女兒中挑選配給的。高允就曾上書批評說，「今諸王納室，皆樂部給使」，「皇子娶妻，多出宮掖。」自然，可以作為妾婢蹂躪的，決非只是名門世族妻妾。北魏爾朱氏專權時期，刑法酷虐，「凡強盜殺人者首從皆斬，妻子及同產配為樂戶；其不殺人……妻子亦為樂戶。」無罪者也大量籍沒，僅北齊武平七年，就「括雜戶（指被征服的少數民族）年二十以下十四以上未嫁者悉集省」，隱匿者家長處死。南朝也大批籍沒，梁代規定，「大逆者，母、妻、姐妹及從坐者妻子妾女，同補奚宮為奴婢，其劫盜者，妻子補兵。」《隋書．刑法志》記述了這些情況後又追述說：「魏晉相承，死罪重者，妻子皆以補兵。」北魏的「配為樂戶」，北齊的「悉集省」，梁的「補奚官」，自然是做宮廷奴婢外，也可選做侍妾或賜官員為妾。至於「補兵」，則是做將官的私人妻妾或充當營妓（軍中的公妾）。

唐代仍然大量籍沒。著名女詩人上官婉兒，就是因祖父、父親被殺，剛生下不久就與母親一起沒入掖庭，只因她後來才華出眾，被武則天賞識，才改變了配沒地位，進而成為唐中宗的昭容。另據記載，藩鎮吳元濟、李師道被滅，叛將阿布思被殺，妻妾均被沒入掖庭，唐肅宗曾特地命阿布思妻在朝會上「穿綠衣為倡」。地方官也可籍沒，邵州刺史林蘊就曾籍故殺死一客，「籍其妻為倡」。被籍沒者中，很大一部分又賜給了功臣，姜確一次得賜七十人，李大亮三次得賜二百七十人。

元代前期，大臣犯罪就刑，其妻妾女兒不經籍沒就斷賣給他人，順帝時才停止這種做法。明代仍大量籍沒，明成祖從建文帝手中奪到帝位，忠於建文帝的一批大臣的妻妾女兒，有的被沒入官為婢，有的賜給武將為妻婢，有的更淪為轉營妓女，每天受多名士兵蹂躪。正德年間，寧王朱宸濠叛亂失敗，一些附逆官員被誅，其妻女沒官後又轉贈給朝官做妾，僅禮部尚書袁宗皋就被賜給這種妾六人。清代官員犯罪不至死者，大多被髮往寧古塔（在今黑龍江）和新疆充當苦役，他們的妻妾女兒，因民族原因，籍沒掖庭者較少，但淪為僕婢或轉賣給他人做妾者時時可見。

（八）買和變相的賣成為納妾常規

買妾是整個封建社會尤其是其中後期納妾的常規方式。這主要是因為，公開劫奪容易留下後患，籍沒適用的機會、範圍都有限，陪嫁丫頭不一定中丈夫的意，賭和借則為少見。相反，地主階級的殘酷壓迫，大規模戰亂，時常發生的自然災害，都會逼使廣大貧困破產的勞動者拋妻賣女，這就成為妾的重要來源。《史記·扁鵲倉公列傳》提到，濟北王一名叫豎的妾，是以四百七十萬的高價從市場買的（同時買進的還有四妾），倉公診出豎有暗疾，勸濟北王快賣掉，濟北王不肯，不久豎猝死，濟北王後悔莫及。這表明西漢有買賣婦女的市場，買進的妾，也可隨時出賣。東漢王符《潛夫論》也提到，一些年輕寡婦，常被狠心的叔伯公然騙賣給人做妾。西晉石崇的名妾風，是從劫掠胡人的軍閥手中買得的。唐代大官僚及著名文人的寵妾，也多半是買來的，就連白居易的寵妾小樊和素素也不例外。五代時期，不但買妾極為常見，甚至可以一次買到大量的妾。前蜀的天雄軍節度使王承休，為了邀寵升官，投荒淫的蜀主王衍所好，除了安排妻子與王衍私通外，還買了眾多漂亮少女給王衍做妾，王衍感到其樂無窮，就讓一批無恥朝臣充當狎客，陪他日夜不休地和眾妾狎玩。當時如此大量購買民女做妾的，自然絕非王承休一人。

從宋代開始，由於城市經濟的發展，市井人口大量增加，買賣婦女也成了三百六十行以外的一種行業。騙棍無賴們把拐賣婦女當作重要生財之道，他們拐賣的婦女，或直接賣出做妾為僕，或賣入娼門。於是，買妾、妓院與拐賣人口活動相互結合，成為一大罪惡淵藪。與此同時，市井中的一些無業貧民，常以賣女做妾當婢為生。據宋代廖瑩中的《江行雜記》說，京城的一些貧窮人家，生了女兒，「則隨其姿質，教以藝業，供士大夫採拾娛侍」。姿色藝業低下的，賣出做婢，姿色藝業高的，則出賣為妾。即使一些有聲望的官員，也常用這種方法置妾。北宋初年蜀亂初平，入蜀赴任的官員不肯帶家眷，都是就地買妾照料日常生活。張口永往蜀州，屬官聽說他以執法嚴厲著稱，紛紛把妾賣掉。張口永得知，為了「不違人情」，到任後公開買了一妾，屬官們便又放心地買妾了，可見買妾多麼盛行。

發展到後來，買妾成了士人登龍門後顯示身分的一種手段。明代陳元非中進士後去拜訪一位同年，同年的妻子只端出一杯冷茶，吃飯時那妻子又說沒有做飯，陳只好狼狽告辭。同年責怪妻子無禮，妻子卻說：「對這種人就該這樣招待，他和妻子感情很好，可是一中進士，就變心買妾。」《萬曆野獲編》記載此事，本意是嘲笑妒妻，但恰恰反映出那些士子們一旦變闊，就要買妾顯示身價。有的官員買妾，還要從官庫裡支錢。明代御史宋準到金華辦案，回京時買了一妾，竟巧立名目向金華府支取了一百兩銀子，遠遠超過買妾所用，已是公開敲詐貪汙。有的著名清官也公開買妾。以執法剛正著名的海瑞，多次棄妻再娶並買妾，他年過花甲，又買了兩個年輕的妾，妻妾爭寵，導致兩妾同日自縊。

元、明、清關於處罰買賣妻女的法令，也反映了買妾的盛行和拐賣婦女的猖狂。元律規定，本夫得到姦夫錢財而將妻休棄，讓姦夫娶去，即明休暗賣，本夫姦夫均受刑杖，妻仍歸本夫。明、清律均規定，對於「賣休」、「買休」（明休暗賣）的買賣雙方及被賣婦女，均處杖刑，女遣歸娘家；債權人令債務人以妻抵債，也受杖刑，如屬強奪，罪加一等。地主、高利貸者等「債權人」逼欠債者以妻女抵債的現象，野史筆記都有大量記載。明、清律又規定，妻子與人通姦，逼使本夫休妻，妻趁此與姦夫成婚，姦夫受杖刑，妻子則斷歸本夫，聽憑本夫定價出賣。這樣，賣妻又是合法的了，而且很難避免在這一合法法律掩蓋下進行「賣休」、「買休」的犯罪活動。

由於法律只處罰賣妻和買人之妻者，而不禁止買賣丫頭婢僕，有人就鑽這個空子，收買幼女，待價而沽。據《清稗類鈔．奴婢類》說，明、清時代的嶺南，不少人靠此暴富。他們利用災荒廉價收買幼女，甚至假裝行善收養幼女，對她們進行烹飪、刺繡、識字記帳等技能的培養，待她們長成少年，就根據她們的長相、技能尋找買主，俊俏的賣給官員或商人做妾，差一點的賣入妓院或私人戲班，平庸的作為婢僕出賣，人才出眾的可以賣上千兩銀子，有些破落戶靠此使家門再興。事實上，並非嶺南才如此，《紅樓夢》中賈府的那批少女伶人，就是從江南採買的。每遇大災荒，更是各地都有插草標賣妻女的慘象。被買做丫頭婢僕的，有不少又變為主人的妾。《金瓶梅》中的孫雪娥，就是由灶上婢變成西門慶的賤妾；《紅樓夢》中的襲人等一批賈府丫頭，分別成了主人的妾。從買丫鬟婢僕到從中揀選做妾，可以說是買妾的一種過渡方式。

從賣女到賣妾之間，還有另一種常見的中間環節，就是妓院。妓院買入的女性，雖然是為了利用她們接客賺錢，如果嫖客肯出足夠的價錢使某妓女從良為妾，不但妓院老闆肯做這種生意，妓女本身也認為是跳出火坑的良機。風流士大夫、富家子迷上名妓之後，也常常不惜重金，贖買她們做妾。僅據《宋豔》、《青樓集》和《清泥蓮花記》等妓女野史記述，唐以來的眾多名妓，幾乎都從良做妾。這種情況，也是歷代文學作品的重要題材。白居易《琵琶行》中那個在京城紅極一時的妓女，「老大嫁做商人婦」，實際上只是外婦，不能入正室，只好在商人販茶時獨守空船。元雜劇《貨郎擔》中那個騙嫁兩人的妓女，娶者家中都有正妻。明代擬話本《玉堂春落難逢夫》中的妓女蘇三（玉堂春），儘管為宦門子王景隆（京劇易名王金龍）破身，仍對他一片忠貞，為他而被變賣、陷冤獄，但到最後與王團圓，仍然只能做妾。只有連娶妻也困難的賣油郎，與妓女花魁娘子相識以後，才能形成夫妻關係。這正是封建禮教之下對妓女和妾的歧視。直到明清時期，達官顯貴和風流士子，仍然常用妓女充實自己的侍妾隊伍，錢謙益的柳如是、侯方域的李香君、吳三桂的陳圓圓、洪鈞的傅彩雲、張之萬的「花狀元」，都是來自妓院的名妾。

當然，用「娶」的方式納妾的現象也很常見。但是，「娶妾」只不過是一種稍微給了女方一點體面的變相買妾。雖然從根本上說，娶妻的聘禮也是一種買，但娶妾與娶妻不同，娶妾並不能使用娶妻的鄭重「六禮」，而只能略用其中的一部分。以下事例，就從不同角度反映了這一特點。

晉代安東將軍周浚出獵，在一李姓家中避雨，李家姑娘絡秀指揮下人盛情接待。周浚見絡秀精明能幹，求娶為妾。李氏父兄反對，絡秀卻答應了，她說，我們家道中衰，雖為人做妾，但聯姻貴族，便可提高家門地位（《世說新語‧賢媛》）。此雖是娶而非買，但以提高門第為明確目的而降身為妾，完全是一種變相買賣。後來，絡秀所生兒子肯於和李家以禮相交，就完全是由於絡秀降身「自賣」而成的。

《儒林外史》第四十回寫窮書生之女沈瓊枝雖經父親與揚州鹽商宋愛富訂了做正室的婚約，但沈瓊枝被一乘小轎抬入沈家，不見張燈結綵，「新郎」也不出迎，徑直送入花園中的小院，她就知道上了當，是被當作妾抬進宋家的。沈父在旅店等候參加婚禮，宋家卻送給他五百兩銀子，打發他走，他也立即大叫：「不好了，他分明拿我女兒做妾」，立即去打官司。這裡的正式婚書，只是一個騙局。

《紅樓夢》第六十五回，寫賈璉「偷娶尤二姐」，雖也「燒紙馬」、「拜天地」、「抬花轎」，那不過是賈璉和賈珍父子玩弄的安撫尤母及尤二姐的把戲，而且是事先已經明言是娶做「二房」，把尤氏母女廉價供養起來，實際上就是買的代價。

（九）典妾與借妾

三十年代的作家柔石的短篇小說《為奴隸的母親》，描寫浙東一個窮苦婦女，為了全家生活被丈夫出典給鄰村一個地主做妾，替地主生孩子，從事奴隸般的勞動。她把為地主生下的兒子哺乳到兩歲，就被趕回原夫家中，依然過著窮苦生活。這並非憑空虛構，而是對久已流行的典妾、租妾惡俗的真實揭露。浙東的臺州、寧波、紹興一帶，以及其他不少地方，都曾存在過同樣的或相似的惡俗。

民間的典妾租妾，至少南宋時已十分盛行。元世祖滅南宋不久，一個叫王朝的官員就上書提出，江南盛行「敗壞風俗」的典僱妻女惡俗，請求朝廷頒令禁止。不久，朝廷果然頒布了命令：「諸以子女典僱於人及典僱人之子女者，並禁止之。」大約元政權發現典僱妻女的現象涉及面太廣，難以一刀切，不久又下令區別對待：若典僱雙方都願意把出典之女變為受典者之妻或妾，可以允許；夫妻一同典僱於人，而以妻充人妾，只要不拆散他們的原有夫妻關係，也予允許；只有接受錢物的典僱行為，才予禁止（《元史．刑法志》）。這種禁令，貌似禁止典僱，實際上是在縱容，因為接受錢物的典僱，完全可以用各種方法進行掩飾。這就難怪，不但禁而不止，而且繼續蔓延，花樣也更多了。元代作品中經常提到的「兩頭大」，就是其一。常年在外地經商的商人，家中一妻，又在外典僱一妾，因為妻妾分住兩地，妾亦如同主婦，就變成兩頭都「大」了。

明代典妾之風更盛，朝廷的禁令也比元代更嚴：「凡將妻妾受財典僱於人為妻妾者，杖八十」，「知而典取者子各同罪，並離異，財入官」。該律所附「條例」，處罰更嚴：「以上犯罪及使女各色騙財等，除真犯死罪外，（戶籍）屬軍衛者發邊充衛軍，屬有司者發口外為民。」清律沿用了明律，並加以界說：「典，到期贖回；僱，計日受財，到期聽歸」，並且強調，「典僱與人，已則無恥；而驅之失節，敗倫傷化。」不過，清代對典僱妻妾的量刑，比明代放鬆很多，「必立契受財，典僱與人為妻妾者，方坐此律；今之貧民將妻女典僱於人服役者甚多，不在此限。」這種放鬆，又為典僱妻女大開了綠燈，只要不正式立契，就可不受約束；而出典妻女的幾乎都是貧民，出典後也沒有不同時「與人服役者」。《清稗類鈔．風俗類》輯錄了不少典僱妻女的資料，就反映了這種情況。首先，出典妻女者都是貧困無依之家，他們除了妻女之外，實際上也沒有值錢之物出典以救危難。其次，典僱妻女的都是地主豪紳，典僱的目的主要有二，一是妻子生不出兒子，納妾未必能生兒子，且費用比典僱大，於是，貧窮之家生過兒子的年輕妻子，就成了最中意也最廉價的典僱對象。再次，被典僱的女性，除了滿足主人的性慾、為之生子以外，還要像奴婢一樣承擔繁重勞動。這種典僱，對於典僱者來說，還有最大的方便之處，中意者可施小惠長期羈縻，最終變為真妾，不中意則可隨時更換。至於典期，有的長達十年、十五年，甚至直到老年，典主才當作包袱趕走。如果本夫無力贖妻，有期也成無期，兇殘的典主滿足了私慾後，又會轉典或出賣以賺錢。這都表明，不論出於無奈的原夫，還是企圖價廉的典主，都是把被典婦女當作換錢、生利的會說話的工具。典妾的根本原因，是貧富尖銳對立的社會矛盾和夫權制度，這種制度不改變，任何嚴厲的法律都無法禁絕。從元到清，法禁越嚴，典妾之風越盛，原因就在於此。

明清時期，在一些對外貿易的邊關和經濟較繁榮的城市，還流行一種租女做妾的惡俗。例如大同、張家口、蘭州等地，一些內地商人到那里長期經商，不便攜帶家眷，常從當地的貧民之中租用妻女做妾。

這種惡俗，上層的「知書識禮」之家也時有可見。南宋周密的《齊東野語》就記載了這樣一件事：南宋著名學者陳良貴和潘了翁，是同母異父兄弟，他們共同的母親，就是陳良貴父親的妾。原來，陳父和潘父同朝為官，友情頗深，潘父久婚無子，對陳父已有數子非常羨慕，陳父就說，他的一個妾極能生育，幼子（指陳良貴）就是她生的，可借給你用。潘父借了陳家這個妾，果然生了兒子，即潘了翁，便以厚禮答謝陳家。

本來，人們都指責潘、陳是淫亂。當陳和潘都成了名人，都「以禮待母」，為兩家生子的老妾便成為兩家之「母」，因而又變成佳話。但就其用他人之妾為己生子來說，雖然是借而非典或租，借後以「厚禮答謝」，卻與租或典並無本質區別。不過，宋代的上層中，確實有把妾租給別人以獲利的。據《續資治通鑑長編．哲宗卷》說，趙宋的宗室成員，經許多代繁衍，有些支系已失去享受皇俸資格，祖業也在一代代再分割中所剩無幾，可他們又死要面子，不肯勞動謀生，於是，出租妾乃至妻以得錢，就變成他們一種謀生之道。由於他們有皇族身分，求租者倒不乏名流。朝廷為防止這種丟臉醜行滋長，曾數度增加宗室成員的贍養費用，怎奈人數太多，根本解絕不了問題。明代中葉，朱元璋的子孫繁衍到五萬多，皇俸杯水車薪，有些人也曾以類似方法謀生。這大概是追求多妃妾多子孫的皇帝們做夢也未曾料到的。

（十）換妾和賭妾

《玉臺新詠》有一首梁簡文帝的《和人以妾換馬》詩：「功名幸多種，何事苦生離？誰言似白玉，定是愧青驪。必取匣中釧，回作飾金羈。真成恨不已，願得路旁兒。」見人有匹好馬，就以愛妾相換，往日對妾的鍾愛，頓時變成馬後飛塵。這用妾換馬者是誰？《樂府解題》說，「《以妾換馬》，舊傳淮南王作」。淮南王是漢武帝時人，看來那時就有人用妾換馬。李《獨異志》說，曹操第三子曹彰，路遇一匹良馬，向主人求買，主人不肯，曹彰就說，他有許多美妾，任憑馬主挑選，以妾換馬。馬主挑選了曹彰最心愛的妾，曹彰毫不猶豫地用她換了馬。看來用妾換馬的絕不止一人。這也並不奇怪，對於美妾成群而又極易再得的人來說，一名美妾，遠遠不及一匹良馬。人不如獸，實在可悲。在這些人的心中，所謂寵妾、愛妾，又有幾分真心！即使確有真心，又能維持多久？唐代李翰的《異聞錄》中，又記有一個以妾換馬的鮑生。此人有一美妾，愛之如同珍寶，但得知表弟韋生弄到了一匹名馬時，立即移情於馬，主動用愛妾去換韋生的馬。韋生不肯，鮑生這個酒徒就用賭酒量的絕招，誘使韋生上鉤，達成以妾換馬的交易。

鮑生的以妾換馬交易，已經具有把妾當賭注的性質，發展到後來，還真不斷有人公然把妾當作賭注，而不需要像鮑生那樣由換變賭再由賭促換的麻煩。首先由此出名的，倒是朝廷大臣。南唐宰相嚴續，家里美妾眾多，珍寶無數，這一切就像他的宰相地位一樣，沒有一個同僚可以相比。當他得知給事中唐鎬家有一條希世珍寶通天犀帶時，頓感美妾失色，珍寶如土。嚴續想用美妾與唐鎬交換通天犀帶，遭唐拒絕。嚴續又提出雙方分別以美妾和犀帶為賭注一博輸贏，精於賭經的唐鎬立即應允。賭局開始不久，嚴續就輸掉數名美妾，只好怏怏作罷。

清代康熙年間，無錫豪富王榮嗜賭成性，把家產輸得精光，身邊只剩下一個美妾。為了翻本，王榮又拉一個姓秦的表弟對賭，因為這個表弟相當富有。秦某雖不像王榮那樣嗜賭成性，卻也心存僥倖，並且早已垂涎王榮的妾。他盤算，王榮把家產輸光，必是個晦氣鬼，用幾畝薄地為賭注，把他的美妾贏到手實在合算。兩人都抱著僥倖的賭徒心理，畢竟王榮賭技更高，只一夜時間，就把秦某的家產全部贏到了手。王榮興高采烈地回家，卻不見了美妾。原來，此妾早已料定王榮輸光了家產還要賭，必定會把自己作為賭注，因此早想另謀出路，王榮剛出門，她就逃走了。

妾還是一些賭徒、騙棍設賭行騙的工具。豪奢的賭徒連賭具都不肯摸，而用姬妾代勞，這既是擺闊氣，又是企圖利用姬妾的色相分散對手的注意力，從賭臺上撈好處。「美人一雙閒且都，紅牙鏤馬對樗蒲，玉盤纖手撒作盧。」唐代詩人岑參的這些詩句，就描繪了貴公子們用姬妾陪賭、代賭的情形。這些貴公子都是「賭豪」，一擲千金而不惜。一旦賭紅了眼，是絕不惜於把陪賭、代賭的妾當作賭注的。

《東京夢華錄》、《武林舊事》等宋人筆記都說，賭博已成為宋代市井中的公開行業，在元旦、清明、冬至等傳統節日，朝廷還透過開封府出具公文，公開放賭，甚至可以把賭攤擺到皇宮的瓊林苑裡，皇帝也常親自駕幸，表示與民同樂。皇帝駕幸之時，「池苑內縱人關撲（一種類似擲硬幣的賭博）」，不但珍玩器物，就連「車馬、地宅、歌伎舞女，皆約以價而撲之」。南宋人的《雲麓漫抄》也說，「正元、寒食、冬至，開封府出榜放（關撲）三日，或以數十笏銀，或以樂藝女人為一擲，其他百物無不然。」既然地宅、歌伎舞女都可以定價作賭注，侍妾的命運怎麼會好一些？

事實上，除了官定放賭日期以外，市井中無時不賭。有些賭棍就專門開設賭窟，僱了妓女或流落異鄉的女子扮作侍妾，或直接使用自己的妻妾，引誘富貴之家的浪蕩子弟就賭。他們慣用的伎倆是先小輸一下，然後押上「愛妾」作賭注，誘使就賭者上當。洪邁的《夷堅志・補志》卷八的《李將仕》條，就生動記載了一個賭博詐騙團夥的活動。這個團夥先派人引誘李將仕就賭，再用妓女假扮的小妾以色相進行勾引，然後詐騙頭目假裝妾的丈夫捉姦敲詐。這條筆記，被明人改編為擬話本《趙縣君喬送黃柑子》，並加進了許多明代才有的情節，因而實際上也是明代此類市井騙局的寫照，清末到民國年間盛行於京、津、滬等大城市的「扎局」（上海稱「翻戲黨」），不過是南宋此類詐騙團夥的徒子徒孫。從許多野史筆記來看，這當中確有不少人真把妻妾當作賭注，結果是陪了夫人又折兵。

用妾及妻女作為賭注這種罪惡勾當，本來早隨新中國的成立而掃進了歷史的垃圾堆。但如今竟又死灰復燃，賭博的黑潮已經成為許多城市、農村一種無法不正視的公害。從各地陸續破獲的重大賭博團夥的罪行來看，以姘婦這類變相的妾幫賭、誘賭者有之，行騙得手而養姘婦、納妾者有之，賭光了家產而以妻抵債或賣妻還債者亦見於報導。今天，納妾、賭博均為法律嚴格禁止，有些人尚且如此，不然的話，一些賭徒在賭紅了眼時，絕不會比古代的賭妾者膽小一些。

妻妾之別

按照封建等級制和宗法制的規定，妻與妾的區別，非常嚴格而又細微。妻貴妾賤，從娶納方式到死後葬禮，從在家庭中的名位到日常衣食起居方式，從享受封贈的權利到應酬賓朋的身分，都是完全不同的。妻與妾的貴賤之別，還直接關係著她們生育的子女在家庭中的地位和權利，也關係著她們娘家的成員與夫家的不平等關係。就連夫家犯罪，法律對她們的處置也不一樣。

妻與妾的貴賤之別，主要表現為以下幾個方面。

（一）只能一妻與可以多妾

對於只能一妻和可以多妾，被奉為治世經典的儒家「三禮」都有明確規定，並因男性的社會等級而有區別：「天子之妃（配偶、嫡妻）曰后，諸侯曰夫人，大夫曰孺人，士曰婦人，庶人曰妻。」「天子有后，有夫人，有世婦，有嬪，有妻，有妾。」「公侯有夫人，有世婦，有妻，有妾。」《易經》對於一夫只能有一妻的禮制，與天地、陰陽進行比附，認為這是自然規律，也是維護社會等級制度的基礎。該書中的乾、坤二卦，就是分別代表天與地，陰與陽，男與女，夫與妻；一夫一妻的婚姻關係，與大自然是由天與地、陰與陽相依相成而形成的一樣，是天經地義的。它還進一步強調，「有天地然後有萬物，有萬物然後有男女，有男女然後有夫婦，有夫婦然後有父子，有父子然後有君臣，有君臣然後有上下，有上下然後禮儀有所錯」。《禮記》則更進一步比附說：「天子之與后，猶日之與月，陰之與陽，相須而後成者也。」「大明（日）生於東，月生於西，此陰陽之分，夫婦之位也。」這都是在強調，就婚姻關係來說，只能是一夫一妻，妻子只能有一個，妾則可以根據男性的不同等級而有多有少；夫妻如同日與月，眾妾則如同捧月的群星。

因此，人們習慣上把歷史上的蓄妾現象稱為「多妻」，實際上是不準確的，應當說是一妻多妾，或稱為妻妾並蓄。

雖然妻子只能有一個，但在春秋時期，同時有數個妻子（夫人）的現象卻屢見記載，大國如齊桓公同時有三個夫人，小國如陳哀公也有三個夫人，即使國如彈丸的邾文公，也同時有兩個夫人，但都引起繼嗣之爭，國家戰亂，是被史家當作教訓記載下來的。實際上，在這幾個同時置有幾個夫人的現象出現之前，就已經有人鄭重地提出：「並后（天子並立兩個皇后）、匹嫡（諸侯立兩個夫人——嫡妻）、兩政（政出兩門）、耦國（耦同偶，雙立太子），亂之本也。」

綜觀整個封建時代，不論是王公貴族，還是庶民之家，對於一夫只能有一嫡妻的禮制，都遵守得極為嚴格，妻與妾的區別相當分明。當然，不論怎樣嚴格的禮制，總會有人破壞，形成例外。帝王之家的並后現象，就曾數見記載。三國吳末帝孫皓的宮中，除了一個名正言順的皇后以外，好幾個特別受寵愛的妃嬪都有皇后印綬，不過這都是虛銜，與正式的皇后有區別，仍然是一妻多妾。北齊後主、北周宣武帝，都曾數后並立；元代更是把並后當作常例。歷史上最後的一例並后，是清代同治時期的慈安、慈禧兩個皇太后。但這些並后現象，有的是荒淫的亡國之君的反常做法（如孫皓及齊後主），另一些都是少數民族政權，與他們特有的民族習俗有關。而且，這一類並后，實際上也都有次第之別，而非完全平起平坐。至於慈禧，原來只是咸豐帝的貴妃，咸豐死後，慈禧所生的兒子繼立為帝，她才「母以子貴」，利用清廷內部的鬥爭，升格為「西太后」，從名分上說，地位仍在慈安之下。這一切恰恰表明，數后並立只是特殊歷史條件下的反常做法，並不符合妻妾有別的常規，因而一直受到譏貶。

至於雙嫡，也是特殊歷史條件下的產物。西晉賈充，本來娶了曹魏忠臣李豐的女兒，司馬氏向曹魏奪權，李豐被殺，效忠於司馬氏的賈充立即與李氏離婚，另娶郭氏。司馬炎建晉稱帝，為了爭取人心，進行大赦，李氏就有個歸屬問題。由於李氏是先娶，所生女已是齊王攸之妻，而郭氏所生女則是太子正妻，都是皇親，而皇家又不能以妾女為妻。因此，朝臣為李、郭的地位爭論不休，後經司馬炎親自裁定，李、郭都是賈充的嫡妻。李、郭仍不能相容，李氏便住在府外，有似外室。李、郭、賈充相繼死去，誰該與賈充合葬，又爭論了一年多，直到郭氏所生女（已是惠帝皇后）因亂國被殺，矛盾才得解決。東晉名臣溫嶠也曾兩嫡並存，這是因為西晉末的戰亂，家庭長期離散，以致前後兩娶。北齊魏收，同時得到朝廷賜給的兩名罪沒之女為妻，當時被比作賈充二嫡，實際上是少數民族習俗。唐代定安公主先後嫁過三個丈夫，並都生有子女，她死時，三家的子女為了使嫡母與自己的父親合葬，打了一年多的官司。這種雙嫡和爭嫡，作為一種例外，恰恰反映了妻妾之別的嚴格。

（二）妻要明媒正娶，妾可多種途徑獲得

古老的《詩經》已經提出，「娶妻如之何？匪媒不得。娶妻如之何？必告父母。」娶妻，不能由婚姻當事人選擇，而要透過媒人（春秋時是官媒）牽線搭橋，由雙方的家長包辦。這種包辦的婚姻關係，還必須依照納采、問名、納吉、納徵、請期、親迎等婚姻「六禮」行事，才算結成了正式的夫妻關係。從《儀禮．士昏禮》到第一部完整保存至今的《唐律》，以及唐以後各代以《唐律》為藍本制定的法律，也都有類似規定，只是「六禮」有所簡化。如果不依婚禮而結合，就不會被承認是夫妻關係，女方只能被認為是妾。《孟子．滕文公上》宣稱，「不待父老爺在私下是用不著正經的母之命，媒妁之言」的結合，是「父母國人皆賤之」的淫亂行為。戰國後期，燕軍攻破齊國都城，齊世子田法章化裝逃到莒，在太史家勞動，和太史的女兒私下相愛結合，後來，田法章回都城繼承王位（齊襄王），此女被立為王后。太史仍然不承認這樁沒有依禮締結的婚姻，公開大罵他女兒「非吾種也，汙吾世矣」，始終不肯和女兒女婿見上一面。

納妾則沒有嚴格聘禮，如本書有關章節所述，除了作為娶妻陪嫁品的媵和君主、長上的賞賜以外，買、私奔、劫掠，乃至賭、換、典、借，均由納妾人自己做主。後世也時常可見「聘」妾，這「聘」卻是既不用娶妻的完備「六禮」，也不必由父母做主。

與婚聘相應，夫妻的離異也與妾的更換不同。照《禮記》的說法，「一與之齊，終身不改」，意思是夫妻關係具有終身性，妻子即使早逝，也是「元配」、「結髮夫妻」，後娶者只能是「繼室」。當然，在夫權制下的「一夫一妻」，只要妻子有「七出」（無子、淫佚、不事舅姑、口舌、盜竊、妒忌、惡疾）的「過失」之一，丈夫就可以把妻子休棄，但是，又有「三不去」（無宗可歸、曾為公婆守三年喪、丈夫結婚時貧賤後來富貴）的限制。而且，即使不存在「三不去」的問題，棄妻也主要是在公婆手中，而不能由丈夫自行決定。夫妻不能相容，但公婆喜歡媳婦，丈夫就不能棄妻；反之，夫妻關係很好，公婆不喜歡媳婦，丈夫就會被逼離婚，《孔雀東南飛》中劉蘭芝的被棄就是如此。妾就不同了，丈夫只要對妾厭惡了，就可以隨便出賣；即使丈夫並未生厭心，而是出於別的需要，也可以隨便贈人。

娶妻與納妾，對女方家庭狀況、女子本人的身分都有不同的標準。娶妻講究「門當戶對」。世守本業、家門清白的「良家」男子，不能娶「世有刑人」之家和「亂家」、

「逆家」之女，也不能娶奴僕、客戶、樂戶及其他「賤者」的女兒為妻。歷代法律都有對婚姻不別良賤的處罰條文。納妾則不同，刑人、亂家、逆家及賤者之女均可做妾，亂家、逆家之女被籍沒之後，更常被賞賜或拍賣給良人做妾。

自從貞操觀形成以後，娶妻就頗重視女性的貞操，而且隨著貞操觀的強化而益愈苛求。納妾則不同，買人之妾和贖娼為妾，就最能表明這種區別。

這一切區別表明，婚姻的締結，是婚姻雙方為了共同利益的一種結盟，所以必須雙方家長包辦，必須舉行鄭重的婚姻「六禮」，必須追求婚姻的牢固性，必須確保妻子的地位高於眾妾。婚姻既然排除了當事人的意願，也就無法保證夫妻關係的諧調美滿，也難保證必然生育嫡子，於是，丈夫就會根據自己的意願納妾作為補償。但是，這又必然地陷於自相矛盾的惡性循環之中：作為婚姻當事人的男方的意願越是被排除，越是要以納妾進行補償；越是進行補償，又越會增加嫡庶之間的矛盾，因而又越是要強調妻妾之別。

(三) 妻與妾的地位不許變換顛倒

西元前六五一年，齊桓公與十多個諸侯在葵丘訂立了一份盟約，其中有一條是「毋以妾為妻」。妻與妾的地位之別，竟然升格為「國際」公認的準則，可見當時的統治者把這個問題看得多麼重要。的確，春秋時代一些以妾為妻的國君和卿大夫，曾由於家庭的激烈鬥爭而導致政亂國亡，並殃及四鄰。但在這個時期，人們對於以妾為妻的行為，還只是譏刺、抨擊，「家」外人感到自己的利益受到威脅時也會出兵干涉，卻不見對以妾為妻者繩之以法的記載，因此基本上還是「禮」的範疇問題。進入封建時代以後，對以妾為妻者就開始禮、法並用，不但會被當作違禮行為受人們輕賤，還會受到法律懲處。西漢時的孔鄉侯傅晏，是哀帝皇后的父親，因為「亂妻妾位」，以妾為妻，被削去爵位，全家都流放到合浦。傅晏被削爵的真正原因，雖然是王莽為了排除異己，專攬朝政，但能把「亂妻妾位」當作重大罪名擺到桌面上來，卻說明當時把妻妾有別看得很重。

妻與妾尊卑有序西晉建國之初，鑑於三國戰亂，家庭離散，妻妾顛倒，以庶為嫡的現象多有發生，由此引起家庭和宗族內亂的事件也不斷爆發，晉武帝特地在泰始五年頒布詔令：「嫡庶之別，所以辨上下、明貴賤。而近世以來，多由內寵。自今以後，皆不得登用妾媵以為嫡正。」

顏之推的《顏氏家訓》在論及南北朝的不同風俗時提到：江南士族，「喪室之後，多以妾媵終家事」，「限以大分，故稀鬥鬩之恥」。北方士族「鄙於側出，不預人流，是以必須重娶，至於三四」，「身沒之後，辭訟盈公門」。這種風俗之異，本質卻都是妻妾不能顛倒，只是解決辦法不同。南朝一娶而止，妻死由妾管理家務，但有「大分」之限，妾只是妾，沒有前後妻所生子女的矛盾。北朝的三娶四娶，雖防止了妻妾顛倒，卻引來前後嫡子及其各自外家的矛盾，特別是後母與前妻之子的矛盾，這種矛盾比嫡庶之間的矛盾更加尖銳。所以顏之推這裡是勸人慎於再娶，而非主張嫡庶不分。

自唐以來的歷代法律，都有處罰妻妾顛倒的法令。唐宋律都規定，「以妻為妾、以婢為妾者，徒二年。以妾及客女為妻、以婢之女為妾者，徒一年半。各還正之。」「若婢有子經放為良者，聽為妾。」這就是說，在妻妾顛倒中，以妻為妾，比以妾為妻的處罰更重。低賤的女婢之女，只有得到良人身分，才能做妾。元代則規定，「諸有妻妾復娶妻妾者，笞四十七，離之。」明律和清律都有處罰「妻妾失序」的專門條款，「凡以妻為妾者杖一百，以妾為妻者杖九十，並改正」。對以妻為妾的處罰，比對以妾為妻的處罰要重，正是妻貴妾賤的一種表現。

在實際生活中，尤其明清時期，妻死以後，把妾「扶正」為繼室者也很常見。但是不能自動替補，而需經宗族及妻的娘家認可，被扶正者一般還應是出身良家的，把由婢、娼出身的妾「扶正」，很難為宗族接受。妾如果被「扶正」，就要承認元配妻子娘家與自己的母女關係，在禮儀上以他們為主。《儒林外史》第五回寫嚴監生在妻子病危之時，把生了兒子的妾趙氏扶為正室，就生動地反映了這種禮俗。趙氏先盡心照顧病重的嚴妻，並表示願意代死，嚴妻很感動，首先同意死後讓趙氏扶正。嚴監生又送上銀子，得到兩位妻舅支持。然後，又遍請家族諸親六眷赴宴，並拿出病危妻子讓趙氏扶正的遺囑，有兩個妻舅在上面畫押，嚴監生才和扶正的趙氏拜天地，拜祖宗，趙氏才算正式被扶正。

（四）日常生活中的妻禮妾規

這裡講的主要是日常生活的禮規。這方面的禮規極為繁瑣，主要的有：

住妻居正寢，即家屋的正房，所以妻又被稱為「正房」。妾只能居於側室。有條件的人家，可以把妾安置在府第的單獨小院裡，所以妾也稱側室、偏房、旁妻。有的妾被安置在家門之外，這大多是丈夫偷娶的，或妻子不容其居於家門之內。至於低賤的妾，連獨自的側室也沒有，多半住在正妻居室的某一處，既要做妾，又要服侍正妻，所以習慣上稱「通房」，《紅樓夢》中的平兒就是如此。

食妻雖有「中饋」（即主持家庭飲食）之名，能夠娶妾的家庭，妻子除特殊情況是不必親自下廚房的，製做飲食要由妾承擔，再富有一些的家庭，更有專門的廚房僕人。

飲食之時，妻子陪丈夫坐於正席，妾只能坐於側席。如果家有數代夫妻，遇到重要節慶，或有內賓，下代正妻則要象徵性地侍奉長輩吃飯，妾連侍奉的份兒也沒有。如《紅樓夢》中，林黛玉初到賈府，賈母設宴，邢、王二位兒媳和孫媳王熙鳳都在面前照料，趙姨娘、周姨娘等連露面的資格都沒有。即使像《金瓶梅》中西門慶那個不重禮儀的暴發戶之家，妻與妾的位次也是頗嚴的。當然，在某些規模大、妾也多的家庭，妻妾往往各自用餐，但妻妾的用餐規格、排場也有貴賤之別，只有特別受寵的妾可能例外。

衣如果夫有官職或功名（如尚未入仕的舉人、監生等）妻子理應用與丈夫身分相應的「禮服」，妾則不能。即使是日常「便服」，妻妾也有區別，妻的服裝多用「正色」，圖案多用牡丹、蝙蝠（福）、壽等，講究莊重、典雅、華貴；妾多用間色，圖案多為桃李等小花及蝴蝶之類，注重豔麗。在頭飾方面，更被看重，妻的髮式要在頭頂或腦後梳髻，左右雙插釵簪；妾則多梳偏髻，釵簪也相應地偏插。妻子所用飾物，也比妾要珍奇貴重。在這方面，歷代衣飾的變化很大，而且常由反常演變為時尚。如東漢貴婦本來是梳高髻，大將軍梁冀的妻子孫壽卻別出花樣，以偏向腦後的「倭墮髻」為美，並引起仿效。中唐時期，宮廷貴婦反而模仿市井婦女衣飾。對這些情況，我們不能簡單地以後套前，以特例套一般。

行在家門內，妻妾相遇，妾要讓路侍立；一起走路，妾要隨侍。外出用車、馬、轎，妻可使用與丈夫身分相應的代步工具，妾所用代步工具的規格要低於妻。

稱謂妻，在春秋及以前，因丈夫身分地位不同而不同，如諸侯國君的正妻稱夫人，大夫、士的正妻則另有名稱。漢及以後各代特定級別官員的母、妻才可稱太夫人、夫人。但這都是一種等級資格。在民俗中，至少從漢代起，夫人已成為對已婚女性的尊稱。因此，在多妾之家，妾一般稱正妻為夫人，後世也稱太太、大太太，相互關係親密的，也可稱姐或大姐。初娶之妾，進門後還要對妻行拜見禮。元雜劇《貨郎擔》中，李彥和娶了刁鑾的妓女張玉娥為妾，進門時，張說：「我如今過去拜你老婆，頭一拜受禮，第二拜欠身，第三第四拜還禮，他依便依，不依呵，我便家去也。」形象地反映了民間的這種禮儀。妻對妾的稱呼因情而異，除有特定等級名稱（如漢代太子正妻稱妃，妾有良人、美人、才人、七子等多種等級）者以外，親密者稱之為妹，疏淡者帶姓稱其「×姨娘」，低賤者只稱其名。

子女對父妻及妾的稱呼，也有嚴格區別。春秋以前妻之子女對夫妾書面語稱「諸母」，受其撫育者稱「慈母」、「保母」，當面怎樣稱呼則不可考；在後世，一般是連其姓稱「×姨娘」、「×媽」，或依次第序數稱其「二媽」、「三媽」、「小媽」（「媽」

在有些地區稱「娘」)。妾之子女稱父之正妻為「母(媽)」,或尊稱夫人,對己母亦稱「母(媽)」,對父其他妾的稱呼,與嫡子對其他妾的稱呼相同。但也有的妾的子女,以自己的「庶出」為恥,為表示少爺、小姐身分,也稱己母為「姨娘」,《紅樓夢》中的探春就是如此。

來往應酬親朋賓客來訪,只拜見正妻,對於親朋女眷,也是正妻主持應酬。除特殊情況,妾既不能正式出訪親友,也不能主持應酬客人女眷。妻娘家兄弟子姪來探望,不須拜見諸妾,妾則應與妻之兄弟以禮相見;妾娘家兄弟子姪來探望,則應拜見正妻,但妻可以根據妾的地位及妾家來客的身分,決定見面與否,即使見面,禮儀也可不同。

妻是主婦,丈夫的管家婆,主持家庭的「內政」。家庭內部的日用支出由妻子掌管,妾只能定期支領「月份錢」或「脂粉錢」。受寵的妾,丈夫會私下給與貴重首飾、衣料或金錢,經濟上可能比較寬裕;失寵的妾,往往就要「寒酸」度日了。

(五)喪葬禮儀中的妻妾之別

婚喪嫁娶,都是封建時代家庭中的重大事件,禮儀規矩都極嚴格。妻與妾的不同娶、納禮儀,前面已經提及,這裡著重講喪葬禮儀的妻妾之別。

丈夫死，妻要守喪三年，妾則守喪一年（漢以前，妾也守三年喪）。妻的子女與妾的子女都要為父守三年喪。妻死，妾要守喪一年，也有的朝代降為三個月，妻、妾之子女都要守喪三年。妾死，妻與妾之子女不必為之守喪，妾之親子女為其守喪一年，其他妾的子女可不為守喪。與此相應，喪禮的輕重也各不相同。

丈夫死，妻死，妻與妾的娘家人都要依喪禮弔唁。妾死，除其本人的娘家以外，妻與其他妾的娘家均可不弔唁。

妻（包括繼室）死以後，要與夫合「主」（神主牌位）安置在祠堂裡，享受子孫的祭祀。遺體也與丈夫合葬，即所謂「生則同室，死則同穴」。與此相應，姓氏也與夫的名諱並列地刻寫在墓碑上。妾死，既不能與夫合主，也不能與夫合葬。但也有例外，如果妾的兒子比嫡子有出息，當了大官，也可以把母親升格為太夫人，與父合葬。不過也有的單獨安葬，葬儀如同嫡母。

丈夫死後，妻要終身守寡，改嫁則被視為不貞。妾則不同，丈夫喪期結束，有條件改嫁者可以要求改適他人，有時死者的寡妻或家族成員，擔心死者的妾久留生亂，或貪圖財利，也主動將她們嫁賣。當然，也有的妾在夫死之後，陪嫡妻守節終身；嫡妻死後，又代嫡妻撫孤育幼。這多半是由於與夫及嫡妻本來相處較好，改適他人也不容易。

對這種妾，封建時代的後期有時會像旌表節婦烈女一樣，予以旌表，正史中也不乏其例。從這個意義上說，她們的甘心含辱守節，又主要是封建禮教的毒害。

（六）刑賞面前的妻妾之別

丈夫如果做官、有爵位，妻子就能夠根據丈夫官階、爵位的高低，享受朝廷封贈，並穿著相應的服飾，這就是傳統戲曲、小說中的「誥命夫人」及「鳳冠霞帔」。不過，在不同的朝代，所用稱謂並不相同，同一稱謂的適用對象也不同。拿「夫人」來說，漢代列侯之妻才可稱夫人，其子繼爵，則可稱太夫人。在唐代，文武一品及國公的母、妻稱國夫人，二品三品官及相當爵位者的母、妻稱郡夫人。宋代執政（正、副宰相和樞密使等）以上者的妻子照例都封夫人。明代一二品官的妻子皆封夫人。清代擴大為宗實貝勒（滿族貴族稱號）及輔國將軍之妻皆封國夫人。有些朝代與此相應，又有擴封的稱號，如宋代中散大夫至上大夫之妻封為恭人，元及明清六品官之妻例封為恭人，封其母則稱太恭人；宋代通直郎以上的母或妻封孺人。明清七品以上官員之母或妻例封孺人。有的朝代，對於有特殊勳勞者的妾，也給與封號，如宋代抗金名將韓世忠，元配白氏封秦國夫人，繼配梁紅玉先後封安國、楊國夫人，妾茅氏封秦國夫人，周氏封蘄國夫人。

妻妾均得最高封號，被視為殊榮。

皇帝有時也會單獨賞賜財物給臣下的愛妾，如南朝齊武帝，就曾賞給名將周盤龍的愛妾杜氏二十枚金釵鑷，並特地寫了「餉周公阿杜」等字。這只是特例，也非正規封贈。

丈夫本人或丈夫父祖犯罪，妻與妾所受株連也有區別。如果是族誅罪，妻要隨夫被處死（野蠻者有時也處死妾），妾則被籍沒；非族誅妻妾簇擁的士大夫罪，夫被處死，妻妾均被籍沒，妻要服滿刑期，妾則會被拍賣或被統治者當作財物賜給臣屬。夫被流放，妻要隨夫流放，妾仍會被籍沒變賣，或聽其另尋出路。

丈夫傷害妻妾，與妻妾傷害丈夫的刑律不同。唐宋法律規定，丈夫打傷妻子，「減凡人二等」論罪；打傷了妾，再比傷妻減二等論罪；妻打傷妾也如此論罪。而且都需告發才受理。夫及妻「過失」殺妾，可以「勿論」。相反，妻子打傷丈夫，徒一年；妾打傷丈夫，比妻傷夫加一等論罪。明清律也都規定，丈夫打傷妾，比對打傷妻子的處罰輕；妾傷及丈夫，比妻傷丈夫加重處罰，而且都比普通人的傷人加三等論罪。

（七）妾也有貴賤之別

妾也有等級貴賤之別。先秦典籍中就多見「貴妾」、「賤妾」的名稱。妾的貴賤之別及等級嚴寬，和納妾者的身分地位、擁有妾的數量多少密切相關，也和妾的不同來源及色藝有直接關係。

妾的等級最複雜的自然是帝王之家。按照《禮記．曲禮》的說法，周代天子的妾有夫人、世婦、嬪、妻、妾等多種等級，「妻」以上屬貴妾，「妾」屬賤妾，「妾」中又有許多等級。秦代妃嬪有九等爵位。漢代不斷增加，漢元帝時增加到十四個等級，最高的昭儀地位相當於丞相，爵祿等同諸侯王；最下等的無涓、共和等，只相當於百石祿米的低級官員，相差懸殊。無涓以下，還有不入等的更低賤的妾。隋唐時期，妃嬪共有八等，品級分別相當官品的正一品至正八品，此外也有眾多的不入品賤妾。唐代以後，妃妾的名目、等級的數量都時有變化，但貴賤有別卻是一致的。

歷代皇族當中，太子的妾的數量最多，如唐代太子的妾共有從良娣到奉儀等五等，親王則少於太子。官員的妾，也因官品的高低、法定妾的數量多少而有不同的等級。

豪紳、巨賈等庶民之家，妾的數量往往不少於某些品級的高官，但他們的妾，雖有貴賤之別，卻沒有官宦家中那麼嚴格的眾多等級，妾的地位的高下在很大程度上取決於受寵的程度。至於只有一妾者，自然無等級可言，但就世俗眼光來看，仍有貴賤之別。同嫁之妹及出身良家者，地位就高些，妻死扶正易為家族接受；丫鬟出身、脫籍妓女易被親朋斜眼相待，妻死扶正也較難為家族允許。

妾的貴賤，和妻的「終身不改」不同，可以由賤變貴，也可能由高變低。既然妻子的重要職責之一是生育子嗣，「有子月經天，無子若流星」（曹植《棄婦詩》），生不出兒子，在南北朝以前，就會理所當然地被休棄。在這種情況下，哪個妾首先生出兒子，地位就會高於眾妾，甚至有可能在妻子被棄或去世時被立為繼室。《紅樓夢》中賈璉對尤二姐說的生個兒子就可在王熙鳳死後扶正，《金瓶梅》中潘金蓮對西門慶的已孕可能生子的妾特別嫉恨，都反映了這種情況。在帝王之家，妃嬪因生了兒子而身價變貴的更多。即使已有嫡子，妾生了兒子後，如果兒子將來「有出息」，也可母因子貴，此生有靠。《紅樓夢》中的趙姨娘雖生了賈環，母子仍受輕賤，只生了女兒迎春的周姨娘卻羨慕地說：「你有兒子，將來會有出頭之日，我可是沒指望了。」

年輕貌美及兼有出眾的歌舞技藝，也可特別受寵，身價高於眾妾。晉代石崇的侍妾上百，美麗出眾的綠珠的地位特別高，孫秀來強奪綠珠時，石崇寧肯以數十妾讓孫秀挑選，而不肯交出綠珠，並因此送命，就反映了綠珠在石崇心目中的特殊地位。漢武帝的衛子夫、李夫人，都是妓女出身，她們都能一時奪寵於後宮；陳後主的張麗華、孔貴嬪使皇后形同虛設；楊貴妃能使唐玄宗「三千寵愛在一身」，都和她們美麗出眾有關。不過，以色受寵者，一旦年長色衰，也會身價變賤。衛子夫雖被立為皇后，仍後因色衰失寵。石崇早期的寵妾風，年長色衰後就淪為管理後房雜務的「房老」。

以智慧計謀奪寵取貴，是多妾之家更常見的現象。武則天本來位不及王皇后，貌不如蕭良娣，她能借高宗之手害死蕭良娣，擠掉王皇后，靠的就是智謀和才幹，並由此成為中國歷史上唯一的正統女皇帝。慈禧也是靠智慧陰謀由一個妃嬪成為專攬朝政數十年的太后。前者不失為能幹的皇帝，後者卻把智慧才幹用歪了，使國家民族深受其害。

妾不像妻那樣有較多的禮法保障，她們可以由賤陡貴，也會由貴陡賤，而且陡貴者總是以眾多的受害者為代價。陡然變貴者也很可能由於丈夫心思變化而身價大跌，甚至落入火坑。這也是妾因無禮法保障的必然悲慘命運。

花樣繁多的性奴役

妾的作用，隨著妾制的演變也不斷翻新出奇。在有些蓄妾者尤其是多妾者的手中，妾的作用遠遠超出了生育子嗣、家務勞作、縱慾求歡、歌舞娛樂以及顯示身分等級這些傳統的「常規」。自詡豪爽者可以把妾當作一件禮物，隨意贈送別人；自詡風雅者則會把妾當作一種可以隨意處置的器具，從對妾的凌辱、蹂躪中顯示所謂的風雅；追求長壽、成仙者又會把妾當作一種可以隨意炮製的藥物；那些豪富之人，為了顯示比別人更富有，竟然會毫無人性地動輒殘妾、殺妾；那些權貴者臨死之時，竟然會把妾當作殉葬品，以便在陰間繼續驅使。如果說豪爽者和風雅者還只是一種荒唐的奇癖，那麼殘妾者和殉妾者卻殘暴如同野獸。這一切，都無法用個性的兇殘或心理的變態去解釋，而是封建專制制度下的多妾制的必然結果。因此，從妾在一些人手中的奇奇怪怪的作用中，我們不僅可以看到妾的血淚史，也可以看到妾制及蓄妾的社會制度的罪惡史。

（一）以贈妾顯示豪爽

多妾者雖然經常感嘆，千金易得，美妾難求，但是，有些人又常常把嬌妾很爽快地贈送給別人。這種贈妾，和帝王向臣屬賜妾有所不同，帝王賜妾，主要表示對臣屬的一種恩寵與慰勞，目的是收買人心，讓受賜者感恩戴德，效忠賣命。多妾者贈妾，則主要是一些所謂的豪爽者所為，受贈者多半是一些風流才子，贈的直接動因，往往是受贈者的才華引起的，贈者也並不直接要求回報，因此，風流才子們對於贈妾之舉，津津樂道。唐宋時期，贈妾的舉動頗多，這可能與唐代初行科舉，文人一登龍門便身價十倍有關。宋代是文人政治，文人地位較高，著名文人獲贈美妾，當作意外豔福，用詩詞吟詠，很容易傳為佳話。從這個意義上說，贈妾者把美妾贈給具有知名度的風流文人，雖然不求直接回報，恐怕也有透過文人張揚他們「愛才」、「豪爽」之類美名的意圖。當然，贈妾者並非都那麼看重文人，獲贈者也絕非個個都有文才，這樣，有許多此類舉動也就難以被渲染成可以傳世的佳話了。

唐代詩人劉禹錫，曾任蘇州刺史，在這個美女之鄉住了三年，但當他參加司空榮銜的揚州節度使、著名詩人李紳的宴席時，看到那群色藝驚人的侑酒歌伎，仍豔羨不已，立即寫了一首詩：「高髻雲鬟宮樣妝，春風一曲杜韋娘。司空見慣渾閒事，斷盡蘇州刺史腸。」題目雖是《贈李司空妓》，內容卻是給李紳看的。李紳見劉禹錫對自己的侍姬是如此傾倒，當即把這美人贈給了劉禹錫。於是，李紳不僅因「春種一粒粟」、「鋤禾日當午」兩首《憫農詩》而享有詩名，又因贈妾而有了風雅、豪爽之名。其實，對於李紳這樣的大官來說，在美女如雲的揚州，要尋得幾個美妾，確實易如反掌。但劉禹錫卻又因美妾而遭人欺凌。宰相李逢吉聽說劉禹錫的妾很漂亮，耍了個花招說，內眷希望見見劉妾。劉禹錫不知是計，趕忙命妾盛裝進相府。李逢吉有妾四十多，沒有一個比得上劉妾，便強行把劉妾占為己有。相門深似海，劉禹錫求見不得，只好獻詩求妾。李逢吉笑著說「大好詩」，卻留劉妾不放。

詩人李端是「大曆十才子」之一，很有名氣。有些朝官常以結交文人顯示自己禮賢下士，郭子儀的兒子郭曖就是其中之一。郭曖是帥門之子，又是當朝駙馬，富貴無比，侍妾眾多。一次，郭曖大宴賓客，讓自己的愛婢鏡兒彈箏助興。李端被鏡兒的豔麗吸引住了，只顧傻看，忘了喝酒。郭曖看在眼裡，笑笑說「李生如果能以彈箏為題，吟一首好詩助興，我不會吝惜此婢。」李端不負盛名，應聲吟詩一首：「鳴箏金粟柱，素手玉房前，欲得周郎顧，時時誤拂弦。」這詩構思巧妙，明明是詩人對彈箏人一片痴心，卻要說彈箏人把詩人當作顧曲周郎，故意拂錯箏弦，以引起「周郎」注目，單相思變成了相互傾慕。郭曖倒真豪爽，一見此詩，不等宴席結束，就命人把席上的金銀酒器收在一起，連鏡兒一起贈給李端。

納妾陋俗

晚唐詩人杜牧得到的一姬，比前二者浪漫多了。杜牧出身名門，才情很高，又以放蕩出名，有時浪漫得近乎荒誕。他早年就以《阿房宮賦》成名，詩更膾炙人口。他在宣州刺史幕中掌書記時，聽說湖州出美女，特地遊覽湖州，要求刺史崔公這位老前輩把全州美女集中起來，讓他挑選一名做妾。崔公竟然豪得出奇，以賽會為名，把全州美女都吸引到了會上。杜牧挑了一天，選中一名小姑娘，給了財禮，說是十年後來湖州當刺史再娶。後來杜牧真當了湖州刺史，但比約期遲了四年，那姑娘已經嫁人。後來，杜牧官監察御史，在東都洛陽辦公。退居洛陽的前兵部尚書李願，美妾眾多，時常大宴賓客，命眾妾侑酒。當時杜牧雖極有名，李願考慮到他的職責是監察彈劾官員，伎樂盛宴難免狂放出格，所以未敢邀請。杜牧發急了，主動託人要了請柬赴宴。有了湖州「自是尋春去較遲」的教訓，宴會才開，兩隊佳人剛剛開始表演，杜牧就急不可耐地盯著眾美女發問：「聽說紫雲貌驚天下，技壓群芳，是哪一位？」李願指給杜牧看，杜牧盯著看了半天，大喊：「果然名不虛傳！送給我吧！」李與眾妻妾同歡願笑而不語，眾美人都回過頭來哈哈大笑。杜牧卻旁若無人，獨自連飲三杯，放聲高吟了一首《兵部尚書席上作》：「華堂今日綺筵開，誰喚分司御史來。忽發狂言驚四座，兩行紅粉一時回。」吟畢，出門策馬而去。杜牧正在家裡揣度自己的「狂言」會有什麼結果，李願已派人把紫雲送上門來了。

晚唐詩人趙嘏獲贈一妾，卻遇到和劉禹錫相似的結果。他對此妾愛之莫甚，攜她一同出遊，被一浙西軍帥在光天化日之下搶走。秀才遇到兵，有理講不通，遇上手握重兵的軍帥，更會有理變無理，趙嘏只好把苦水往肚子裡咽，不敢去論理。

宋代也有不少贈妾的佳話。南宋著名詩人范成大，晚年退居蘇州石湖，閒來無事，就命家伎吟唱詞曲解悶，時間久了，那些詞曲就失去了新鮮感。這時，年輕詞人姜白石常來拜訪，范成大發現姜的音樂造詣極高，就請姜譜寫幾支新鮮曲詞。姜以石湖的梅花為素材，寫了《暗香》、《疏影》兩首詞，並譜了新曲，親自教范成大的侍妾演唱。一經試唱，果然音調婉轉，清麗動人。聽了幾天，曠達的范成大忽然想到，把年輕女子久留身邊，不免誤了她們的青春，就把最年輕美麗也最會唱曲的侍妾小紅贈給了姜白石。後來，姜白石成為詞曲大家，和小紅伴他試唱有不小的關係。他的詩句「小紅低唱我吹簫」就是指這段佳話。

辛棄疾也曾把心愛的歌伎贈人。他退居上饒，老妻病重，幾次求醫無效。後來請到一名醫，辛棄疾說：「治好老妻之病，就以我心愛的吹笛婢相贈。」不久老妻病癒，醫生雖然推辭，辛棄疾仍堅持實踐諾言。

有時，皇帝也來湊這種風雅熱鬧。南宋紹興八年的科考，在殿試完畢後公布名次時，高中第三名的陳修依例出班謝恩，他那老邁的體貌引起宋高宗的注意，便問他：「卿年幾何？」陳答：「臣年七十三歲。」高宗又問：「卿有幾子幾孫？」陳羞慚地說：「臣尚未娶。」高宗很可憐他，當即賜他一名宮女及豐厚嫁妝。當時人把皇帝的賞妻「佳話」當作笑話，編了打油詩：「新人若問郎年幾，五十年前二十三。」

清代著名詩人袁枚，中年退居隨園，故意以眾多的侍妾俊婢和朝中的禮教名人作對。他常設家宴招文友借酒神聊。劉霞裳對他的酒菜讚不絕口，他就在酒酣耳熱時把廚娘招姐贈給了劉，劉見招姐年輕貌美，用之為妾。袁枚後來常開玩笑地誇耀這一豪舉：「鄙人口福，失去一半。」

（二）以虐妾顯示風雅

東漢經學大師鄭玄家中的妾婢很多，管束也極嚴厲，稍有過失，不論是冬夏季還是雨雪天，都要被罰在院子裡的泥地上跪著。「胡為乎呢中？」「薄言往訴，逢彼之怒。」詢問者和被罰者的問答，都引用《詩經》成句，被後世文人視為一大雅事，大師授徒，竟然化及妾婢。東漢另一經學大師馬融，也是妾婢很多，他坐堂對門徒授業，背後則是姬妾列隊歌舞。門徒只顧聽歌觀舞，不知師之所雲。後世仿效者卻連這樣的「風雅」也達不到。他們的所謂風雅，多半是以虐待、凌辱姬妾製造自己的「雅興」，把肉麻的下流當作「風雅」。

楊國忠這個裙帶宰相，暴貴之後，也要附庸風雅，掩飾他暴發戶的俗不可耐。隆冬時節，楊國忠的府第自然是垂帷錦茵，炭火熊熊，他卻故意大叫寒冷，命令眾姬妾密密層層地圍站在他的周圍，抵禦寒氣，他自稱這是「姬圍」。唐玄宗的弟弟歧王李範，不但設姬圍，還把姬妾們當作手爐，把冷手伸進姬妾懷裡取暖，把這些婢妾稱為「暖手」。由於李範外表儒雅，喜歡結交文人，經一些文人阿諛「潤色」，「姬圍」、「暖手」都成了風雅佳話。首先發明了「姬圍」的楊國忠，怎肯讓歧王掠美，就挖空心思把「姬圍」加以發展，並且配套成龍，他選擇眾妾婢中的肥大者圍著自己，號稱「肉陣」、「肉屏風」；在門口處，另選一最肥大者遮擋寒風，名為「肉障」。他宴請賓客，故意不用几席，而命眾姬妾分執杯、盤、碗、碟，號稱「肉臺盤」。天寶之亂中，楊國忠被士兵作為國賊處死，他的那套「風雅」也被人們唾棄。不料二百多年後，又有人把這當作寶貝撿了起來。南唐司空孫晟，在朝二十多年，上朝陪著君主沉湎於酒色，回府後又在眾妾身上變換取樂的新花樣，他冬天也用「肉屏風」，吃飯也用「肉臺盤」，美其名曰「秀色助餐」。據說，孫晟帶了頭，「時人多效之」，「肉臺盤」、「肉屏風」在腐敗的南唐風行一時。

南唐宰相韓熙載，因被李後主疏遠，便傾盡家財，買了數百名姬妾，自尋歡樂。他算是個文化人，感到「肉屏風」之類不僅俗氣，也是拾人牙慧，便另闢蹊徑，請樂師教眾姬妾歌舞，府內日夜笙歌繞梁，舞影翩躚。但因妾太多，沒風雅多久，連她們的日用也無法供應。韓熙載又出新招，命眾妾打扮成賣唱乞食的盲藝人，由門生帶領著沿街乞討，這種風雅也就淪為笑柄。有一種說法是，傳世名畫《韓熙載夜宴圖》，就是為諷刺韓熙載的這種「風雅」而創作的。

西漢丞相張蒼，秦代就當御史，入漢後又歷侍四帝，見慣宦海浮沉，知道富貴難久，在朝小心謹慎，回府縱情聲色。他有一奇「雅」，一旦侍妾懷孕，就終身不再接近，卻又不許外嫁，因而形成了老中青俱全的上百名侍妾隊伍。他年老時牙齒盡落，飲食不便，又買了一批正在哺乳的婦女做妾，實際上是充當他的食櫃，靠著吸食妾的乳汁，他竟活到一百多歲，成為西漢罕見的壽星。不料張蒼的奇「雅」、長壽，在方士眼中變成「御女」、「合氣」、益壽、成仙的妙道，也把張蒼「雅」進了神仙之列。張蒼如果地下有知，一定會感到莫名其妙。

最令人想不到的是，嗜血成性者、把眾妾住室布置得像妓院者，竟也會被說成「風雅」。契丹東丹王李贊華，因內部爭權而渡海逃到中原，他的眾妾當中，有一批專門供他輪流刺臂吮血取樂，這些妾的身上，都是新傷連著舊傷，有些被如此殘害致死。只因李贊華自稱仰幕中原文化，特地取了個別名「黃居難」，字「樂地」，以示對白居易的崇拜，一些人竟把這個嗜血者也說成是「風雅」之士。北宋末期的宰相王黼，經常參與安排宋徽宗微服出宮嫖妓，雖心癢難挨，卻又不便微服出遊，便在府中的大花園裡，依照市井妓院的格局，建造了供眾妾居住的「北里三曲」，這樣，他去會眾妾，就如同嫖客逛妓院一樣。他還別出心裁，用一大廳做臥室，中央放著他的大床，四周環列供妾用的十多張小床，一妾陪他「表演」，眾妾則充當觀眾。如此下流行徑，王黼的一些狐朋狗友卻吹捧為「風雅」。

（三）以害妾顯示富貴

妻妾眾多的王公貴族，豪紳富商，為了獵占天下美女，雖然會不惜重金，甚至兵戈相向，獵到以後，也會「金屋藏嬌」。但是，對於他們來說，再美的嬌妾，也不過是件玩物，不但意倦情移時會棄之如敝屣，還會毀之成齏粉。有的人為了掩飾自己的過錯，或者為了顯示自己的富有，甚至只是為了滿足一時的荒誕樂趣，就會在大庭廣眾之下，用令人髮指的手段，慘無人道地害妾、殺妾。

漢武帝貪色無厭，屢屢變易所鍾。到晚年，因為多次變換皇后而相應地變換太子，不但後宮爭寵激烈，連可以信任的長嗣也選不出來，只好把趙婕妤所生的五歲兒子立為太子。太子剛從趙婕妤懷中抱過來，他就命人把趙婕妤拖出去殺死，使得左右近侍瞠目結舌。唐宣宗的殺妾，更只是一種矯飾。唐宣宗收到浙江地方官進獻的一名美女，一見面就愛上了，幾天時間就賞給這美人無數珍寶，但不久他忽然宣布：「留她不得！」朝臣們聽出語帶殺機，都建議把這美女遣送回老家，宣宗卻說：「放還，我必思之。可賜鴆一杯。」一位無辜美女，就這樣被殘殺了。唐宣宗此舉，絕非擔心沉於聲色而誤國事，而不過是企圖用美人的鮮血掩飾貪色的醜名聲。據《新唐書．宣宗紀》記載，宣宗是個非常貪色荒淫的皇帝，因為服祕藥，縱慾過度，中年時就一命嗚呼。

有些人殘暴殺妾，既無所謂的「身後考慮」，也不是要做何矯飾，而只是為了追求「我比你更富有」的瘋狂刺激。隋末深州富豪諸葛昂與渤海富豪高瓚，就是這種瘋狂殺人的典型。高瓚自以為富甲天下，特地上門向諸葛昂誇富，不料諸葛昂只把他當作個小土財主，端出一盤雞肫就打發他走。高瓚嚥不下這口氣，擺出超常的豐盛宴席，羞辱被特邀來赴宴的諸葛昂。諸葛昂回家，又辦起更加盛大的宴席。從此你來我往，奇招迭出，不斷升級。鬥到後來，山珍海味用盡了，一丈直徑的大餅、上千人的宴席都太平常，高瓚便殺了個小妾，用盤子端上她的頭和腿，招待客人。諸葛昂又立即回請，開宴後，一名愛妾布上了一道並無奇特之處的酒菜，嗣後的幾道菜也很平常。高瓚以為對方已經黔驢技窮，勝券在握，正準備把對方羞辱一通打道回府之時，布第一道菜的那個妾身穿綾羅，頭戴珠翠，被放在一隻巨大銀盤子裡抬上了桌面。高瓚還不知是怎麼回事，諸葛昂已從那妾身上撕下一塊肉，說了聲「請」，送到高瓚面前，原來那妾已被當作一道大菜蒸熟了。高瓚只好低頭認輸，狼狽而逃。諸葛昂並沒有好下場，不久爆發的農民大起義中，起義農民對這個作惡多端、殘酷殺妾的魔鬼，來了個以牙還牙，把他像烤全牲一樣處死了。

西晉豪富石崇，比諸葛昂、高瓚更加慘無人道。他靠著以官經商、貪汙和劫奪而成巨富，珍寶盈庫，侍妾數百。著名富豪王愷，在外甥晉武帝幫助下與石崇鬥富，也敗下陣來。石崇富得天下無敵，就以各種瘋狂手段顯示他的富有，他每次請客，都指派一批美妾勸酒，客人飲量不大，他卻責怪侍妾勸酒不殷勤，立即把那妾殺死。一次，名士王守陪駙馬王敦到石崇家赴宴，王敦故意不肯飲酒，石崇就當場接連殺掉三個勸酒的妾。

真是兇殘到了極點。

南宋楊政，殺妾比石崇更兇殘。楊政本來是川陜一帶的抗金名將，官至太尉，功大官高，便無法無天，無惡不為。他有上百個美妾，荒淫無度，只要他心中稍不如意，就要殺妾。他殺妾的手段更是令人毛骨悚然。據一個叫李永叔的人親眼所見，楊政駐軍興元（在今陜西漢中市）的帥府裡，有一條祕密的狹長夾道，每殺一妾，都是活剝其皮，釘在夾道的牆上，干後再將人皮拋入河中，牆上印下的人皮血跡，竟有數十個之多。楊政死前，擔心最心愛的妾為他人所得，命人拖到他面前勒死，他才心滿意足地斷了氣。

稍後於楊政的江東兵馬鈐轄王愉，也是個殺妾惡魔。他縱慾之後，還要對妾進行非人的摧殘，把看著妾在痛苦的掙扎中死去當作一大樂趣。他常把妾放在特製的雞籠裡，上壓重石，「暑則熾炭其旁，寒則汲水淋灌」。他僅用這一手法，就先後殺死數十名妾，竟無人過問。直到一名做過幫兇的妾也將被殺，冒險出逃自首，王愉的罪行才暴露於世。儘管人人切齒，王愉只被流放了事，那自首的妾卻被杖斃示眾。為什麼對主凶的處罰比自首從犯輕得多？原來，按照宋代法律，丈夫傷妻，比毆傷別人減二等論罪；打傷了妾，又比傷妻減二等。相反，妾媵傷夫，則要加一等論罪；而且，妾、奴告發夫主，不論夫主是否有罪，都是犯上之罪。不獨是宋代，奴隸社會和封建社會的歷代法

《墨子．節葬》中就揭露說：「天子殺殉，眾者數百，寡者數十；將軍大夫殺殉，眾者數十，寡者數人。」蘇蕙作迴文詩，終於留住了丈夫的心春秋時期，這一惡俗逐漸被有識者廢棄。《禮記．檀弓》中就載有幾件反對殉妾的事例。陳干昔病危，囑咐兄弟說，叫他外出的兒子歸來做口大棺材，讓兩個愛妾殉葬，他兒子回來後，認為「殉葬，非禮」，沒有照辦。齊國大夫陳子車死時，他妻子和家庭總管決定用幾名妾婢殉葬，以便死後仍有親人的服侍，弟弟子元極力反對，他對嫂嫂和總管說，「你們和死者最親近，要殉葬，首先該是你們。」兩人都怕死，只好作罷。《左傳》也記載了一件反對殉妾的事：晉國魏武子生病時，曾囑咐兒子魏顆，如果此病不起，要安排他的愛妾再嫁；他彌留之際，又說要用那愛妾為自己殉葬。魏武子死時，家裡人準備執行死者「最後的遺囑」，魏顆說：「父親彌留時神智已不清醒，應當以他腦子清醒時說的話為準」，堅持讓那個妾改嫁了。後來，魏顆與秦軍作戰，追擊一名秦將，眼看追不上了，忽然有位老人把秦將絆倒，魏顆才俘獲了他。魏顆要感謝老人，老人說：「我是你安排改嫁的那妾的父親，特來結草相報。」說完，老人就不見了。此事雖有濃重的迷信色彩，卻反映了當時人們反對人殉的鮮明態度。

秦國以人殉葬的惡俗持續最久，也在西元前三八四年正式宣布廢除。後來秦始皇成為千古一帝，也只想用陶俑代替人殉。但能以俑代人，就會又有人以人做俑，秦始皇一死，他兒子胡亥就下令：「先帝后宮非有子者，出焉不宜，皆令從死，死者甚眾。」封閉陵墓時，又把大批工匠活活封死在陵內，廢棄不久的人殉又被恢復。

漢代的帝王都不用人殉，趙王劉元死時，卻一下子殺了十六名妾婢殉葬。朝廷知道後，認為「暴虐無道」，給他用了個「繆」字為謚號，並把趙國廢除，以警告後人。儘管如此，以妾殉葬的殘暴行徑仍然有人襲用，皇帝殺殉，庶民也殺殉，為自己殺殉，也為別人殺殉。這裡列舉幾件有代表性的史實。

三國時期，東吳勇將陳武戰死，孫權特地下令用陳武的愛妾為陳武殉葬，以收買將士，激勵士氣。但是，史家嚴厲斥責說：「以生從死，世祚之短，不亦宜乎！」與此相反，曹操雖有「奸雄」的惡名，但他喪事從簡，妾婢與伎人希望兒子「善待之」的遺令，卻受到人們稱道。

隋末農民起義領袖杜伏威，靠著名為「上募」的敢死隊爭天下。為了激勵士氣，每次作戰擄獲的婦女和財寶，他都分給「上募」；「上募」中的將士戰死，就用他們的妻妾殉葬，使之打消留下的妻妾可能又歸他人的顧慮。在這種激勵之下，「上募」作戰特別勇敢，為杜伏威占據過淮南大片土地。殺妾殉葬，竟成了克敵致勝的法寶，這種愚昧迷信和殘暴行徑，令人不寒而慄。

元末，張士誠的女婿魏紹元奉命迎擊朱元璋的大軍。魏看出岳父大勢已去，出戰凶多吉少，不出戰又不行，他想一旦死於沙場，七個美妾就要落入他人之手，於是他上馬之前，用極殘暴的手段把七個妾全部逼死。魏紹元卻怕死，後未經激戰就下馬投降，不肯到地下與眾妾團圓。這本來是一齣殘暴而又卑劣的罕見醜劇，當時和稍後的一些文人，卻把七個枉死的妾當作為夫殉節的典型，修築墳墓，賦詩撰文，這無異於是在為卑劣的殺人犯唱讚歌。

更加令人觸目驚心的是，連蒙古貴族入主中原後也禁止的殉妾，以「掃蕩胡腥」為己任的朱元璋稱帝後，竟然又大搞妾殉。洪武二十八年，他的次子秦王朱死，兩個王妃被逼自殺陪葬。此後變為「定制」。朱元璋死，陪葬孝陵的妃嬪宮女達四十六人，內十多名侍寢宮女是被活葬於陵內的；明成祖死，殉葬長陵的宮嬪有三十多人；仁宗用七名妃嬪殉葬；宣宗殉妃十人；王（即退位的景泰皇帝）用唐妃等數人殉葬；周王朱有死（正統四年），其妃唐氏、施氏等六人被逼自殺陪葬。直到明英宗死前，才下詔廢止以妃妾殉葬。上述明代殉妾暴行，除朱元璋死時活埋宮女外，據說都是「自殺」殉節，其實有不少是被逼自殺，即使確實是「自」殺的，也必然有她們不得不「自殺」的宮廷黑幕，有待史學家去揭開。《紅樓夢》第十三回寫秦可卿死後，「忽又聽見秦氏之丫鬟名喚瑞珠的，見秦氏死了，也觸柱而亡。此事更為可罕，合族都稱嘆。」「可罕」在哪裡？紅學家們都一致認為，秦可卿是因為和公公賈珍通姦事洩，羞憤而死，瑞珠是他們通姦的目擊者，秦可卿死了，瑞珠豈有生路！自殺，是瑞珠免遭他殺的唯一選擇。

清代統治者入關以前，努爾哈赤死，納拉氏及另兩個妃子一起為他殉葬。入關以後，在滿族貴族中，以妃妾殉葬的野蠻習俗仍然延續了很久。

典妻陋俗

在中國特定的歷史環境中所形成的典妻婚，因歷史時期不同、地域不同而呈現出它的多樣性。特別是在稱呼上五花八門，各地叫法不一。有典妻、質妻、借妻、押妻、僱妻、租妻、妻、掛帳、幫腿、搭夥、拉幫套、僦妻、捆妓、貼夫、押帳、招夫養夫等等不同稱呼。但從構成典妻婚的方式、手段來綜合歸納、分析，大致可分為典、僱兩大類，兩者大則相通，小則有別，形式不一，名稱不同，但實質相同。

典妻、僱妻兩者都是將妻子出讓給其他男人，為他人生兒育女或操持家務，以換取一定財物。典僱妻方大都因為家庭極度貧困或丈夫病殘，被迫將妻子出典，以換取微薄的生活來源。是典是僱在於雙方事前約定，並以契約寫明。

典妻是指備價典妻？期滿取贖。將妻子典給他人為妻，換取一筆錢財，到約定時間，拿錢贖人。典期一般為三到五年，時間較長。

僱妻是驗日取值，期滿則歸，傭貸於人而受錢財。僱主用償付租金的形式，擁有一位臨時妻子。在約定時間內，滿足其勞務和性慾上的需要，到期將女子退回本夫，僱金不收回。僱妻也是將妻子租與人家，只是按江南民間慣例，因時間不同，期長的叫「典妻」，期短的叫「租妻」。

典妻、貼夫、租肚皮──浙江地區

典妻、租妻在寧波，典妻雙方有媒證，訂契約，載明典租期，典租價。一般一至二年為租，三五年為典。典租價以婦女年齡大小、期限長短而定，但必須具有生育能力。出典者或因久病負債累累，或因家貧度日艱難，或因逼還賭債。受典者因有其妻久未生育者，也有獨身窮漢為求子嗣而無力結婚者。典妻進門，以薄酒謝媒，不舉行儀式，所育之子歸典方，其繼承權須宴請親族長老獲得認可方為有效。典妻期滿回原夫家。也有夫死，為生活所迫，妻自典他人者。在典妻期限內，典夫來典妻家住宿，丈夫迴避。新生之子，歸典夫所有。滿月後，小孩由典夫抱走，另尋奶娘撫養。若讓典妻撫養，要另加養育金。在典妻期間，典妻與原夫亦同居。另一種情況是把典妻接到典夫家住，形同偏房。

在奉化，一些家庭的婦女在丈夫亡後，家無恆產，難以度日，無奈將己身典與他人為妻，以獲得錢和穀子養活子女，維持生活。

在衢縣，多數出於男方遊手好閒，賭博欠債，無力償還，無奈之下，把妻子典當給人家。一般典期為一年。在典期內所生孩子，歸典者所有。典期滿，典妻則要回原夫家，俗叫「留子不留妻」。典妻地位極低，典子一般有繼承權。

在湖州，一方為多年不育或只生女兒者，一方為家境貧困生計無著者，經中人撮合，立下文契，並由典夫出錢財或田地給原夫家，議定年限。在年限內，典妻住在典夫家或仍住原夫家中，典夫去宿夜時，原夫迴避。在典期間，生下男孩歸典夫，姓典夫的姓。

在紹興城鄉，典妻、租妻陋俗一般發生在下層社會。把妻子典（或租或賣）給他人，主要是為生活所迫，也有少數是賭棍、懶漢之流，為支付賭博等不正當費用，把妻子當做商品典給他人。受典人或是沒錢娶妻者，典租他人妻子作暫時的安排；或是為了生兒育女、傳宗接代。有的受典人是單身漢，也有的雖有妻室，但未曾生育。典妻、租妻、賣妻都要有媒證（或中人），要立契約。在契約上寫典租價格、典租起訖時間等條款。在典租期內不得與原來的丈夫同居，甚至不准往來，所生育的子女應歸受典人所有。期滿，妻子可回原夫家生活，也有無意回前夫家的。若是後者，受典人可與其前夫商談，再出一筆錢，續典續租甚至買斷。一般租妻較短，租費較低；典妻期限較長，典金較高；賣妻的話，一旦契約生效，也就與原來的丈夫脫離關係，價格當然更高。在嵊縣，舊時有錢人家婦女，長年不育，丈夫徵得妻子的同意，經中間人推薦，向窮漢典妻。

在浙南地區的溫州，如永嘉縣山區，過去一直流行著典妻婚。四十年代，在該縣太石地方，有個潘某某，手頭攢了些錢，因為沒有兒子，認為不能傳宗接代。後來，在鄰鄉浮林村一戶貧苦人家，典來一個婦女，住在家裡。一年後，典妻生了個兒子。孩子僅三歲時，就被原來典夫正妻吵得無法安身，只得回歸浮村老家。現在典娘與正娘均已亡故，其子已五十多歲，其父九十多歲仍健在。又如民國三十五年，永嘉縣有個農民叫林水柳因家中子女多，生活困難，無奈把妻子吳氏典給曹棣地方黃茂杰為妻，每年典價僅燥穀五百斤。又，民國三十七年，農民張阿旺將自己妻子典給楊林鎬生兒育女，典妻價僅京穀一千三百市斤，一次收足無存。

據民國二十年一項調查資料顯示，在浙江臺州、天臺、溫嶺、黃岩、玉環、臨海等六縣均有典妻習俗。其期限從五年到幾十年不等。民間認為，年限短促，其所生子女，無母撫養，不易長大。當時典價十年，典金僅三十元，五年期者則十餘元。當時，浙南有首民歌，也唱到典妻：

這個天下不平等，
財主酒肉吃不盡，
窮人欠債無路走，
典妻賣子害死人。

這反映的正是兩極分化，貧富懸殊的情況下產生的典妻悲劇。民國三十五年浙江永嘉農民林水柳的典妻字據在定海漁島上，同樣也存在過典妻婚。男子妻亡，無力續娶，或妻久不育，常在外另謀一妻，訂立契約，限以歲月。時久者，謂之「典妻」；暫借者，謂之「租妻」。期至各離，所生子女則歸男子。其典、租之婦，大抵為孀，亦有因家貧雖夫存而出典、出租者。

第三章　婚姻陋俗

借妻在溫州文成，窮人無力娶妻，為免「絕後代」，便以一定價格立下「字據」，把某窮人之妻暫借來家兩三年，等生子後歸還原夫家。也有富人妻妾不育或少男兒者，為了傳宗接代，也常將窮人之妻立契典來，等生子後返還原家。

路頭妻在溫州的樂清柳市，典妻亦稱「路頭妻」。解放前，有些財主的妻子不會生育，無人繼嗣，出現典妻惡習。被典者是貧苦人家婦女。典妻者須付典金，規定年限，訂立契約。在典期間生育的子女，歸典主所有。典期滿，即中止典妻關係。

典水面在浙江仙居一帶，流行「典水面」習俗。「典水面」就是「租妻」。「典水面」者，女方以小寡婦為多，她們不願再嫁，矢志要把子女撫養成人，使亡夫的宗祀後繼有人。但是拖兒帶女，守寡並非易事，所以「典水面」就是最理想的出路。因其不必拋家棄子，又可重新組織一個家庭。男方一般是人到中年仍無子嗣者，故租妻為其生子，以傳宗接代。

「典水面」沒有儀式，不用請客，但有媒人及聘金，聘金大多是送些首飾或做幾套衣服。雙方要簽「典水面」契約，寫時字斟句酌，很仔細，要寫明租期年限、起訖年月日、所生子女的分配辦法、每年所付贍養費等。還要附帶說明、伯叔兄弟子姪不能干涉，到期各奔前程，互不相乾等。最後男女雙方及媒妁等人蓋章畫押，契由男方收執。

以後男方就可堂而皇之地去女方家，此時，女方若有丈夫或情人，均得迴避。租期一般五年到十五年，所生孩子有均分的（男歸父，女歸母），也有統歸父親的，一般以前者為多。小孩由生母撫養到三週歲，再回父親家。每年贍養費根據女方的年齡、容貌、生育紀錄而定，大約每年給幾籮穀子及幾套衣服。

租肚皮在金華、開化一帶，俗稱「租肚皮」，亦叫「典妻」、「租妻」。時間短者為租，長者叫典。舊俗出典一方多為丈夫有疾或為債務所逼或因賭博而窮困潦倒、急需大筆款項以救急者；或丈夫被抽壯丁等原因，長期不回，妻子單人在家而出典者。典方則大多因妻不育，或子夭折，妻年老不能再育者，或家道貧困無力娶妻者，為子嗣計而典妻，富家有的因妻子凶悍，不讓丈夫納妾而改典妻的。出典時有媒證，訂契約，一式兩份，分別由出典者和受典者收執。典期多為一年。契約上寫明典價、典期，規定典期內所生子女歸受典人，期滿後典妻仍回原夫家，俗叫「留子不留妻」。金華被典的婦女多住原夫家，典者到出典家姘居，原夫迴避，待典期滿後帶典期內所生的子女回家。租妻則女的住到租家，所生子女雖與所典之妻有血緣關係，但典者原妻才是正式母親。有時不得已，經協議，可以延長典期或將典妻賣給受典人。典妻所生之子在典家有繼承權。

貼夫在兩湖等地，還流行著一種叫「貼夫」的典妻陋俗。有些人家，因生活困難，在無奈情況下，慫恿其妻和人私通，實際也是臨時性把妻子租給人家，拿取報酬，以資家用。這些臨時丈夫，可以自由公開出入女方家，民間不以為怪，稱之「貼夫」。此俗在宋代已有流行。那些住在寺廟附近的貧苦人家，甚至還有將妻子「貼」給和尚的。這種帶有典妻性質的陋俗，當時有在向娼妓轉化的傾向。

典子典子，這是在許杰寫於一九二五年的小說《賭徒吉順》中江南楓鎮的一種典妻民俗形式。這種風俗，在當地不叫「典妻」，而叫「典子」。當地居民認為，在（典妻）契約訂定時間內，典妻所生的兒子，是被典主先期典去的，是屬於典主的。故稱「典子」。

招夫養夫、坐堂招夫在松陽，因丈夫貧病交加，妻子徵得前夫同意，把典夫招到家中同住，收取典金，供前夫治病費用，因而俗稱「招夫養夫」，亦稱「坐堂招夫」。

借妻、租妻—江蘇海州

借妻、租妻在江蘇海州地區，舊時也流行借（租）妻生子之俗。有的人長期臥病，無法操持家務，經三方同意，邀中人說合，將妻子借（租）於無妻無子的男人生子，條件是借（租）妻人必須承擔其家務勞動或其他義務，借妻期間所生子女隨生父姓。一旦雙方目的達到或原來言明的條件兌現，即行解約。有的人在生活極端困難的情況下，經中人說合，將妻子租給別人生子，並正式立下租約。借妻和租妻一般以生出子女為終止，不同的是，借妻不離家，租妻有的要離家。

典妻、租妻、掛帳和幫腿——福建地區

典妻在壽寧縣，明代時就流行典妻習俗。貧苦人家，如遇急需（衣食無著、還債、辦喪事等），在無計可施的情況下，只有典賣其妻，收取微薄資金，妻子則為他人生子，傳宗接代。典金很低，「歲僅一金，三年迎歸」。也有期滿變典為賣，重寫賣契，其妻就歸典夫所有。在福建大田的均溪兩岸，情況也大致如此。

妻在福安縣，有把妻子典借給別人，俗稱「妻」。期限通常是三五年，期間所生的孩子都歸後夫，如果妻子因病死亡，前夫和後夫會同心協力共同料理後事。妻期滿，前夫必須用原價贖回妻子。

掛帳和幫腿在古田、屏南等縣，常有貧苦人家妻子經丈夫同意，透過媒人，招一後

夫進門。時間約定以十年為限，叫「掛帳」；二三年的叫「幫腿」。期間所得典金全歸前夫收用。所生孩子，有時亦可兩兩均分。前後夫之間稱為「交夾兄弟」。

捆妓、租妻—安徽蕪湖和淮安

捆妓在安徽蕪湖地區，舊時曾流行丈夫將童養媳出身的妻子典給妓院的典妻陋俗。抵押時，要由雙方訂立「捆身字據」。「捆身字據」按簽約時間可分大年、中年、小年三種。大年為十六個月，中年為十四個月，小年為十個月，妓院根據女子容色、年齡大小，決定典金的數額。

租妻在淮安地區，舊時也存在租妻民俗。婁子匡在《婚俗志》一事中寫道：「租妻」制度似乎已是比較少見的變態婚制了，但在淮安卻仍存在。租的人和被租的人都是赤貧之家，租的時間大概是一年或兩年，在這個時候所生育的子女，應該是屬於租妻的人家。租的價格不一律，由中間人向雙方交涉。什麼條件都列舉在租契之上。

典妻、租妻—臺灣

典妻在臺灣，也有典妻的民俗。據民國三十二年《各地風光》一書中「與閩粵社會風俗相同的臺灣」篇記載：中等以下的人家，有的無錢嫁娶而孤獨終身的，有的男子把自己的妻子典給人家，以苟活自己的生命。當時，有的男人因為負債，一時還不起債務，在無計可施的情況下，採用典妻這種屈辱羞恥的作法，將自己妻子典押給債主或其他願借錢替他還債的男人。要立下契約，規定典押和借用金額，時間有三年、五年甚至十年的。如有懷孕生子，其孩子可歸本夫，但若契約規定歸對方，則本夫不得干涉。此俗直到抗日戰爭時期仍普遍地存在。

根據資料顯示：臺灣三十年多前剛開放大陸探親時仍有「租妻」之事發生，特別是不少老兵苦於赴臺數十年，但無錢成家，隻身回鄉，有無顏見故鄉父老之感，更無以慰藉老年雙親渴望見兒媳之情。於是，只好透過「租妻」，帶「臨時妻子」結伴返大陸探親，謊稱這是剛娶來的新婦，老父母高興得牽著他們到處奔走相告，宴請親朋，一時熱鬧非凡。當兩人返回臺灣後馬上分手，老兵付出的代價是臺幣十五萬元。

典貼、租妻──江西地區

典貼唐以來，江西萍鄉附近（古稱袁州），窮苦百姓或因水旱不收，或苛捐雜稅繁重，無法養活全家，只得將自己的妻子或女兒，有些甚至是兒子，以各種名義典貼給富人。有典作妻妾、丫鬟、傭人等等。「典貼」似同典僱，立契為證，有錢人計傭折值貼給對方，被典女子，均當奴婢使喚。

民國初年在江西樂平仍存在租妻的惡俗。據黃存厚在《舊社會樂平的當鋪和租老婆惡習》一文中回憶說：

在舊社會，一般是這樣兩種人租別人的老婆：一種是已經結婚多年，老婆不生兒子的人。在那「不孝有三，無後為大」的封建社會裡，想要個兒子，討個小老婆吧，「河東獅吼」不答應，就租個年輕力壯的婦女，做生兒子的工具，生了兒子就把婦女遣回；另一種是原籍家鄉有妻有子的商人，為了滿足慾望，既不敢在外面尋花問柳，有損聲譽；又怕染上花柳病，於是也租個年輕婦女同居。而且絕大多數是老「夫」少「妻」，在男尊女卑的舊社會裡，這是不會受到譴責的。

誰把自己的老婆租給別人呢？一般是遭受到無法預料的天災人禍的家庭。大多夫妻感情好，又有子女，出租妻子實屬無奈之舉：總想三兩年後，靠「租金」、靠「減少一張嘴吃穿」攢幾個錢，可以重振家園。

租期一般是兩三年。租金以婦女的年齡、姿色而定。首要的是婦女必須身強力壯。被租出的婦女，在租期內，不准回家，丈夫來會面，也只準交談幾句。如果租老婆的人有所謂「良心」的話，還可以留餐，但不留宿。

在租期內，如果婦女生了孩子，是男孩，就讓她哺乳到週歲，解除租約，從此不准她來看孩子。如果生的是女孩，就得溺嬰。租期內沒生育的，徵得雙方同意，也可以續租。當然，也有極個別婦女不願回到原夫身邊去的。

典贍——山東地區

典贍宋時，山東一帶民間有典贍妻（妾）習俗。被典方一般是生活陷入困境，或家遇急事，無奈將妻子（或女方將自己）出典給人當妻妾，契約寫明由典方贍養家人生活，或用典金以解燃眉之急。

押帳—天津

押帳舊時，在天津一帶，有將童養媳出身的妻子典給妓院的習俗，當地俗稱「押帳」。所謂「押帳」，即由妓院付給典夫若干銀錢作為押金。對典期限滿，償還清押款，妓院才能放其典妻歸家和原夫團聚。因此，典妻時，雙方必須簽押「借字」字據，上面寫明典妻入妓院的營業年限，註明「俟限滿押帳還清，方準其妻離館」等字樣。

幫夫—山西岢嵐

在山西省的苛嵐縣，有稱「幫夫」之俗，其形式與「幫腿」同。

典貼、典妻—廣西柳州、平南

典貼在廣西柳州，也有「典貼」之俗。貧苦人家面臨災荒，饑寒交迫，或因負債，被迫將妻兒質錢，典給人家作妻妾或奴婢，並規定期限。到期時則本金加息，一次還清，如不拿錢來贖，就變典為賣，終身為奴了。

典妻廣西平南舊時有典妻習俗。民間有因天災人禍，難以生存者將妻作抵典與富家繼嗣，立契為約，期滿取贖，過期則收歸富家所有。

搭夥、拉幫套—東北地區

搭夥遼寧綏縣流行的「搭夥」，亦可算是典妻的一種。這些妻子一般因丈夫多年外出未歸，杳無音信，在家生活十分困難，無法自立過活，就出典自己，與另一男人成立「搭夥」關係，簽署「搭夥」字據。字據內寫明：因貧寒難以度日，並被債務所迫，今由「搭夥」之夫代還債務。若本夫歸家時，將錢付清，就可領回妻子。

拉幫套在東北地區下層苦力中流行的典妻習俗，叫「拉幫套」。即已婚女子的原夫患重病不能撫養妻子兒女或老人，家境十分貧困，只得依靠另招一夫，也就是把自己出典給另一男子，並讓他住進己家。這位住進家的男子，俗稱套股子，讓他負擔全家生活重擔，民間又稱「拉幫」。拉幫期間所生子女，雙方均分。拉幫關係結束時，要舉行「劈犢子」儀式，處理子女歸屬、撫養問題。

僦妻、租妻—甘肅地區

僦妻清代時，在甘肅部分地區，流行一種稱為「僦妻」的婚俗。僦妻即典妻，因當地男多女少，有的男子因貧窮和其他原因，娶不到妻子，但希望延續香火，於是就去租賃他人的妻子，雙方寫下券書，確定期限，有兩年，也有三年，以生下孩子為限，過了期限，即由原夫領回，不能再留一日。

租妻另一種是因此派生出來的短期「租妻」習俗，即有旅客遊經其地時，原夫可臨時訂立合約，將妻子典與遊客。期限內客來則其夫避去，期限外則不許，即使其妻與客情篤，也堅拒絕納。欲再延長期限，必須出高價乃可。直到旅客離開該地時，原夫將妻贖回。

電子書購買

國家圖書館出版品預行編目資料

從脫單攻略到求子問事，顛覆三觀的婚育怪談：摳小雞雞求娃、偷聽新人「炒飯」、典當老婆、馬桶產嬰……前所未見的繁文縟節，超越想像的精采軼聞！ / 趙惠玲著 . -- 第一版 . -- 臺北市 : 崧燁文化事業有限公司 , 2023.03
面；　公分
POD 版
ISBN 978-626-357-188-4(平裝)
1.CST: 婚姻習俗 2.CST: 生育習俗
538.4　　112001950

從脫單攻略到求子問事，顛覆三觀的婚育怪談：摳小雞雞求娃、偷聽新人「炒飯」、典當老婆、馬桶產嬰……前所未見的繁文縟節，超越想像的精采軼聞！

臉書

作　　者：趙惠玲
發 行 人：黃振庭
出 版 者：崧燁文化事業有限公司
發 行 者：崧燁文化事業有限公司

E-mail：sonbookservice@gmail.com
粉 絲 頁：https://www.facebook.com/sonbookss/
網　　址：https://sonbook.net/
地　　址：台北市中正區重慶南路一段六十一號八樓 815 室
Rm. 815, 8F., No.61, Sec. 1, Chongqing S. Rd., Zhongzheng Dist., Taipei City 100, Taiwan
電　　話：(02) 2370-3310　　　傳　　真：(02) 2388-1990

印　　刷：京峯彩色印刷有限公司（京峰數位）
律師顧問：廣華律師事務所 張珮琦律師

定　　價：375 元
發行日期：2023 年 03 月第一版
◎本書以 POD 印製